PSYCHOLOGIE DE L'ARGENT

THIERRY GALLOIS

PSYCHOLOGIE DE L'ARGENT

l'Archipel

Un livre proposé par Roseline Davido

Si vous souhaitez recevoir notre catalogue
et être tenu au courant de nos publications,
envoyez vos nom et adresse, en citant ce
livre, aux Éditions de l'Archipel,
34, rue des Bourdonnais, 75001 Paris.
Et, pour le Canada, à
Édipresse Inc., 945, avenue Beaumont,
Montréal, Québec, H3N 1W3.

ISBN 978-2-84187-516-0

Copyright © L'Archipel, 2003.

*À Anne,
Clément, Maëlle,
Céline et Hortense,
mes richesses*

SOMMAIRE

AVANT-PROPOS 13

I
ARGENT ET ÉDUCATION

L'éducation, une mise sous influence 15
L'argent tabou 17
L'argent, secret de famille 22
L'argent, symbole de la réussite sociale 26
L'argent et la respectabilité 30
L'argent, en lieu et place de l'amour 32
L'argent, pouvoir et puissance 35
Quelles représentations de l'argent avez-vous
   reçues par votre éducation ? 39

II
LES ENFANTS ET L'ARGENT

En cas de problème 45
Comment en parler ? 48
Les enfants et le vol 53
Quelques petits conseils 60

III
LE COUPLE ET L'ARGENT

L'argent, un pouvoir dans le couple 62
Le couple, une affaire de dominance et de territoire ... 64
Le couple et l'argent, différents modèles 65
   T'occupe ! Le pognon c'est mon problème 65

Le bel indifférent 66
L'inconscient 67
Le « je sais tout » 67
La cigale et la fourmi 68
Le super-cool 69
Le super-anxieux, ou perdre sa vie à la gagner 69
L'un riche, l'autre pas 71
Alors, que faire ? 72
Compte joint ou comptes séparés ? 74

IV
POURQUOI DÉPENSONS-NOUS NOTRE ARGENT ?

Entre obligation et plaisir 79
Acheter pour une identité 81
Acheter pour se positionner face aux autres 82
Acheter pour exprimer notre affection 84
Quels acheteurs ? 86

V
LA DÉPENDANCE À L'ARGENT

Une définition de la dépendance 90
La théorie psychanalytique de la dépendance 97
Les théories cognitives 100
Êtes-vous accro à l'argent ? 104

VI
LE STRESS ET L'ARGENT

Qu'est-ce que le stress ? 113
Des personnalités prédisposées 116
Un bon et un mauvais stress 117
Stress, argent et recherche de sensations fortes 118
Une prédisposition aux jeux d'argent et aux
   dépenses excessives 120

VII
RADINS, AVARES, ÉCONOMES...

Une organisation obsessionnelle 123
L'obsession 124
La rétention émotionnelle 125
Ce que nous dit la psychanalyse 126
La théorie cognitive 128

Toc et argent 138
Avarice et addiction 143

VIII
DÉPENSIERS, FLAMBEURS, DILAPIDATEURS

Un peu d'histoire 150
L'achat compulsif 151
Une perte de contrôle 152
Une prise de conscience difficile 154
L'achat, une recherche de sensations fortes 156
Le remède à un état dépressif 158
Qu'achètent-ils ? 163
En guérit-on ? 166
Des mesures d'urgence 169
Quelle thérapie ? 170
Une analyse du comportement 171
La chasse aux cognitions erronées 173
Des croyances irrationnelles 174
La restructuration cognitive 175
Acheter à nouveau 176

IX
ARGENT, JEU ET JEUX D'ARGENT

Les jeux d'argent, une histoire ancienne 179
Un plaisir et une évasion 180
L'argent et le jeu 181
L'argent du jeu, un argent sale 183
Du plaisir au besoin 184
La recherche de sensations fortes 187
La thérapie du joueur 191

X
LES TOUJOURS PLUS !

Les obsédés de la réussite 193
Les bourreaux de travail 198
Les accros au crédit 201

XI
ET SOUDAIN, LA FORTUNE !

Gagner au Loto, hériter… 207
Rêvons un peu 208

La perte des repères et la disgrâce 211
Un phénomène sociologique 214
L'argent suspect 216
Être riche parmi les autres 217
Une remise en question 218
Quelques recommandations 220

XII
LES ESCROCS

Escroc malgré lui 226
Mésestime de soi et culpabilité 228
L'effet des groupes 229
Escroc par dépit 230
Les « sans foi ni loi » 231
Les escrocs, les vrais 232

XIII
QUELQUES CONSEILS POUR MIEUX VIVRE AVEC L'ARGENT

Mettre en cohérence argent et besoins 238
La chasse aux croyances irrationnelles 239
L'argent n'est pas un médicament 240
Accorder argent et valeurs 241
Le couple, une entreprise 242
Avec les enfants 243
En cas de problème 244

CONCLUSION 247

Bibliographie 249

AVANT-PROPOS

L'argent : objet tabou qui exerce à la fois fascination et répulsion. Les affaires de détournement de biens publics, les scandales politiques, les fortunes rapidement établies grâce aux start-up, l'attirance pour le pouvoir, la célébrité, le luxe, le placent au cœur de notre vie. Créé pour faciliter les échanges entre les hommes, il est devenu l'étalon de référence des valeurs humaines. Gare à celui qui en manque. Les pauvres sont aujourd'hui désignés par le terme d'« exclus ».

Après vingt siècles de répulsion instaurée par une pensée judéo-chrétienne, nous sommes bien obligés de constater que, autour de nous, on n'a jamais autant parlé d'argent. Certes, les principes économiques qui fondent notre société nous y contraignent, mais il apparaît que, dans notre civilisation occidentale en pleine mutation, les pensées évoluent. L'économie détermine la bonne santé et l'humeur des peuples, la Bourse, assimilée à une personne humaine, est appelée à bien ou à mal se porter. L'argent roi se montre ; les fortunes rapides suscitent l'admiration.

Les années 80 – celles des *golden boys* –, qui ont vu les spéculateurs « s'enrichir en dormant », ont placé l'argent au rang de « majesté ». Bien plus, la morale publique s'en est trouvée bousculée. Les notions manichéennes qui, durant des siècles, ont régi nos comportements semblent maintenant reléguées au second plan. L'argent facile n'est plus si sale. Nos contemporains voient en lui un idéal appelé à remplacer les anciennes croyances spirituelles. Le matérialisme et l'économie, après avoir établi leur emprise sur le politique, prennent le pas sur la religion.

Il est alors aisé de comprendre combien sont devenus complexes, troubles et ambivalents nos rapports à l'argent. Face à lui, des comportements pathologiques sont apparus, qui envahissent le quotidien. Qui n'a pas, dans son entourage, un ami, un proche, qui se conduit de façon excessive avec l'argent ?

L'argent pourrait-il nous rendre fous ?

Ce livre a pour ambition d'aider le lecteur à mieux comprendre nos attitudes et nos déviances face à l'argent : l'avarice, la dépense compulsive, la dépendance, le besoin d'en avoir « toujours plus », les perturbations engendrées par une fortune soudaine... La prise de conscience est le premier des remèdes.

I
ARGENT ET ÉDUCATION

L'éducation, une mise sous influence

Notre éducation détermine notre attitude face à l'argent. Si vous êtes issu d'une famille d'avares, il y a de fortes chances que vous développiez soit des comportements identiques, soit des comportements opposés en guise de rébellion. La souffrance engendrée par un parent avare conduit souvent à une exaspération, origine d'attitudes inversées, dites de prodigalité, à caractère de provocation. Le sujet redoute de reproduire la déviance qui l'a fait souffrir durant son enfance et désire épargner les siens. Cela peut expliquer, dans certains cas, les phénomènes d'achats compulsifs. L'opposé est aussi très fréquent. L'angoisse du manque, de la misère, ressentie durant des années face à un ou des parents excessivement dépensiers, sera compensée par une avarice illusoirement rassurante.

Mais, dans la mesure où la construction de notre personnalité s'opère par identification aux modèles parentaux, les comportements observés durant l'enfance sont souvent reproduits à l'âge adulte. En psychologie, on parle d'apprentissage par imitation, ou d'apprentissage social, pour désigner cette détermination des attitudes issues de l'éducation. Chantal Rialland[1], dans l'introduction de son livre sur la psychogénéalogie, écrit : « Nous apprenons à travers nos proches ce que signifie être humain, être homme, être femme. » La famille et le monde éducatif dans son ensemble exercent

---

Que faites-vous, mon brave ?

Une nouvelle de Charles Péguy, citée par Boris Cyrulnik dans son ouvrage sur le bonheur[2], illustre bien les apports de notre éducation sur notre vie. Un homme, un pèlerin, s'approche de Chartres. Sur la route, il rencontre un casseur de cailloux au travail. Il s'adresse à lui :

— Que faites-vous, mon brave ?

— Vous le voyez bien, je casse des cailloux. Je déteste ce travail. Il fait chaud, j'ai soif, je fais une tâche ingrate. Je suis un incapable, un sous-homme.

Un peu plus loin, notre pèlerin rencontre un autre casseur de cailloux qui, lui, tient ce discours :

— Je casse des cailloux, c'est mon travail et je suis heureux de l'avoir trouvé. Je peux ainsi nourrir ma famille.

Quelques kilomètres et, à nouveau, sur le bord du chemin, un ouvrier, accroupi, remplit la même tâche. Ce dernier est joyeux et siffle en travaillant.

— Que faites-vous ?

— Moi, je construis une cathédrale !

---

1. Chantal RIALLAND, *Cette famille qui vit en nous*, Marabout, 2002.
2. Boris CYRULNIK, *Un merveilleux malheur*, Odile Jacob, 1999.

sur chacun de nous une influence évidente. Même en refusant d'adopter les attitudes des membres de notre famille qui nous ont faits souffrir dans le passé, il arrive que nous nous surprenions à les réitérer.

Notre histoire, notre éducation, le milieu social dans lequel nous avons grandi ne sont pas sans influence sur notre manière de concevoir la vie, notre vie.

Ce que nous avons vécu en famille est souvent responsable des relations que nous entretenons avec l'argent, de la représentation que nous nous en faisons. Il existe ainsi plusieurs modèles familiaux de conception de l'argent.

L'argent tabou

Dans certaines familles, il est interdit de parler d'argent. Ce n'est jamais le sujet de conversation, ou alors de manière confidentielle, entre adultes. Personne n'en parle, ne pose de questions. Cette attitude se transmet de génération en génération et oser prononcer le mot « argent » lors d'une réunion de famille est le comble du manque d'éducation, la transgression d'une loi familiale édictée de manière implicite. Cette conception de « l'argent tabou » est issue de la tradition judéo-chrétienne et touche toutes les classes sociales. L'argent est un objet de honte, au même titre que le sexe. Il est sale, on le cache, on ne l'exhibe pas, on le manie avec discrétion quand on règle un achat. Nécessaire, l'argent est le fruit d'un processus d'annulation. Il représente une source potentielle de déviance : recherche du plaisir, du pouvoir sur autrui. Il s'utilise alors avec méfiance, distance ou indifférence. L'annuler du discours vise à lui soustraire les angoisses dont il est porteur. C'est un mécanisme psychique de défense. L'argent devient un objet[1] – au sens psychologique du terme – qui fait peur. Toutes les représentations qui lui sont associées sont sources d'anxiété et le silence représente une défense bien illusoire.

L'enfant qui grandit dans un tel milieu s'imagine que les problèmes d'argent n'existent pas, qu'ils se résolvent spontanément. Adulte, si des difficultés financières surgissent, il se sentira démuni, incapable de les affronter et, surtout, honteux. Il va s'en attribuer – souvent abusivement – la responsabilité et souffrira de culpabilité. Culpabilité qui renforcera ses réticences à parler d'argent.

Les personnes issues de ce type de famille vivent donc dans une sorte d'immaturité à l'égard de l'argent. Elles entretiennent le désir de le tenir constamment à l'écart. Elles se sentent incompétentes et éprouvent de la honte à ne pas savoir gérer elles-mêmes leurs difficultés. Comment le sauraient-elles ? Personne ne leur a jamais parlé de problèmes d'argent. En conséquence, une sourde inquiétude s'installe, et la question du manque devient omniprésente. De plus, elles ne parviennent que très difficilement à se rassurer auprès des autres, puisque parler d'argent reste un sujet tabou.

---

1. C'est-à-dire sujet à des investissements affectifs.

> **Pierre, la loi du silence**
>
> Pierre est pharmacien. Depuis quelques mois, il ne parvient plus à rembourser ses emprunts. Il s'est fortement endetté pour acquérir son affaire, qu'il a dû financer en totalité par un prêt bancaire. Pierre pourrait demander l'aide de sa famille, de milieu aisé. Mais, pour celle-ci, l'argent est un tabou. Alors, habitué à ne jamais aborder ce sujet avec ses proches, il a préféré garder le silence et s'est enlisé, au fil des mois, dans une situation financière désastreuse. Son épouse n'est même pas au courant. Se sentant incapable et honteux, il a préféré adopter une attitude d'évitement, véritable réaction infantile qui l'a progressivement mené au bord du gouffre. Pierre a agi comme un enfant qui, ayant peur du loup, se cache les yeux en espérant le faire disparaître par magie.

Pierre est un exemple de ce que peut provoquer une telle conception familiale de l'argent.

Je reçois fréquemment en consultation des enfants anxieux, dont les familles connaissent des difficultés financières. Ils ont, pour la plupart, perçu l'existence de ces problèmes. Lorsqu'il s'agit d'une famille où l'argent est tabou, je m'empresse d'expliquer aux parents la nécessité d'aborder le sujet avec leurs enfants. L'ignorance dans laquelle ces derniers sont tenus les amènent à fantasmer des idées de ruine, de misère, ce qui augmente leurs angoisses. Il convient donc, pour les parents, de tenir un discours réaliste. Ils apparaissent alors responsables, capables d'assumer les problèmes qui ne sont pas ceux de leurs progénitures. De cette façon, elles comprendront d'autant mieux les efforts d'économie auxquels on va leur demander de participer et s'en inquiéteront moins.

Combien de fois ai-je rencontré des enfants qui simulaient des améliorations fulgurantes de leur état, après seulement une ou deux séances, espérant ainsi en finir au plus vite avec la thérapie et ne pas ruiner leurs parents du fait des honoraires ? À chaque fois, les parents affichaient la volonté de tenir leurs enfants à l'écart des difficultés financières et étaient persuadés d'avoir été suffisamment discrets : « On ne parle pas de ces choses-là aux enfants... Chez nous, on ne parle pas d'argent... » Une petite mise au point a toujours permis de dépasser cet obstacle. Les parents eux-mêmes s'en trouvent soulagés. Ils sont bien souvent étonnés des réactions de leurs bambins, de leur capacité à comprendre.

Nous devons parler à nos enfants pour leur faire comprendre que tout n'est pas qu'une affaire d'argent. Ne nous voilons pas la face : notre société change ; l'argent fait partie de leur quotidien, ils en discutent entre eux, même les plus jeunes.

Dans certaines familles, l'argent est même considéré comme un vice. Des valeurs religieuses sont souvent à la base de cette conception. Les parents donnent à leurs enfants une éducation stricte, fondée sur le respect de ce qu'ils considèrent comme des vertus : le travail, le respect d'autrui, l'honnêteté. L'argent, considéré comme mauvais, passe au second plan. La pauvreté est pour eux salvatrice. Devenus adultes, les enfants éduqués dans cet état d'esprit vivront chichement, même avec des revenus confortables, et se montreront avares envers eux-mêmes, se restreindront en permanence, s'empêcheront toute gratification. Leur famille sera appelée à respecter ce mode de vie, afin de ne pas sombrer dans la perdition. L'instance surmoïque[1] de leur personnalité, constituée par intériorisation des interdits parentaux, est envahie de restrictions sur l'utilisation de l'argent, objet dangereux et menaçant.

La parcimonie de Maud

L'apparence de Maud ne reflète pas l'opulence. Pourtant, elle a été élevée dans une grande famille bourgeoise. Mariée à un médecin, elle dispose de revenus confortables. Mais rien ne le laisse paraître. Maud a reçu une éducation stricte, fondée sur des principes religieux fortement ancrés depuis plusieurs générations, tant du côté paternel que maternel. Maud essaie d'élever ses enfants en réaction à ce mode d'éducation. Ses deux filles, adolescentes, n'ont suivi aucun enseignement religieux. Par contre, elle veille à ce que les valeurs de respect, d'effort et de travail leur soient inculquées. Maud gère le budget du ménage de façon serrée. Son mari, lui, est du genre « panier percé ». Il n'hésite devant aucune dépense pour satisfaire sa passion des disques et des livres. Maud ne manque pas de lui en faire le reproche, d'autant qu'elle ne s'octroie aucun luxe et ne dépense qu'avec parcimonie. Tout, dans la maison, est objet d'économie : les restes de savon sont récupérés et remodelés ensemble, les têtes d'ail non entièrement utilisées sont conservées au réfrigérateur, les radiateurs électriques sont maintenus au plus bas, même en plein hiver !

---

1. De « surmoi ». Selon Freud, une des trois instances de notre appareil psychique correspondant à notre sens moral.

Au premier abord, il serait facile de prendre Maud pour une avare. Il n'en est rien. Mais, si Maud a réussi à remettre en question l'importance de la religion dans sa vie, il en reste néanmoins des séquelles dans sa conception de l'argent. Ainsi, elle sait se montrer généreuse quand elle offre des cadeaux ou fait des dons aux associations caritatives. Mais, pour elle, l'argent, en raison de son caractère vicieux, ne peut servir à se faire plaisir, à penser à soi, mais risque de nous faire oublier les autres. Se laisser aller aux joies que peut apporter l'argent est un interdit d'autant plus puissant qu'il est de double nature, parentale et religieuse.

L'argent, secret de famille

Il peut arriver que l'argent soit vécu comme un secret de famille. Une petite fortune, dont personne ne connaît l'origine, est transmise de génération en génération. Un magot a un jour été donné dans des conditions qui entretiennent une légende familiale. La consigne est « motus et bouche cousue ». Là encore, l'argent revêt un caractère honteux et nul ne doit l'évoquer. Outre les réactions décrites plus haut, les personnes issues de ces familles éprouvent des difficultés à oser prendre leur place parmi les autres, parce qu'elles se sentent coupables de leur aisance. Elles se sentent riches, mais la valeur que l'argent leur donne, elles pensent ne pas l'avoir méritée. Elles éprouvent la sensation que les autres sont dignes d'intérêt et de respect en vivant de leur travail. Il en découle une faible estime de soi, responsable d'une incapacité à agir, à entreprendre[1].

Léo, coupable de son aisance

Léo n'est pas dans le besoin. Il exerce la profession d'ingénieur, après avoir suivi des études dans une école prestigieuse, que fréquentent en majorité les fils de bonne famille. Comme au lycée, son entourage amical et professionnel lui adresse souvent des remarques insidieuses sur sa situation privilégiée. Dans sa petite ville, les remarques vont bon train quant à l'origine de la richesse familiale. Léo les entend depuis son enfance. À la maison, il était interdit d'aborder ce sujet et ses plaintes au retour de l'école lui attiraient de sévères réprimandes, l'enjoignant au silence.

Résultat, Léo a développé un complexe d'infériorité et de culpabilité. Il fait tout pour ne pas paraître riche : il s'oblige à s'habiller simplement, à rouler dans une petite voiture, à vivre chichement... Dès que l'on parle d'argent, même dans une soirée entre amis, Léo se sent mal et est pris d'une envie de fuir. Il éprouve alors un sentiment de honte ; il a peur d'être raillé sur son aisance financière.

Cette attitude a des répercussions jusque dans son travail. Léo éprouve des difficultés à affirmer ses choix et ses opinions. En réunion, il adopte les décisions du groupe, même s'il est persuadé en son for intérieur que d'autres seraient plus adaptées.

---

1. Cf. François LELORD et Christophe ANDRÉ, *L'Estime de soi*, Odile Jacob, 1999.

L'argent devient une chose honteuse, dont il faut peu parler dans le cercle familial et, en aucun cas, à l'extérieur. Les adultes issus de ce type de milieu éprouvent un fort sentiment d'impuissance en cas de difficultés financières, et il n'est pas rare, lorsque les problèmes surgissent, qu'ils prennent des décisions désastreuses pouvant les conduire à la ruine. Rien, dans l'histoire de la dynastie familiale, n'a jamais été envisagé en cas de faillite. La richesse est vécue comme un état de fait appelé à perdurer, comme le nom de famille. Le moindre souci d'argent revêt un caractère anxiogène du fait de la position paradoxale dans laquelle il place l'individu. Ce dernier est en effet perçu comme une personne à l'abri du besoin − nul ne peut imaginer le contraire − avec qui aborder les questions d'argent est chose délicate, si ce n'est interdite. Outre le fait qu'il se sent incapable d'agir efficacement, le sujet ne peut espérer une aide quelconque.

Il est par ailleurs possible, face à certaines banqueroutes financières, d'envisager l'hypothèse d'une conduite suicidaire inconsciente, venant en quelque sorte laver la faute à l'origine de la fortune. Il arrive que des dépensiers compulsifs soient justement des personnes agissant selon ce mécanisme. Dans l'histoire des grandes familles, les exemples ne manquent pas.

Ce phénomène de la fortune coupable est renforcé par le fait que la richesse est bien souvent associée au vol, à la spoliation. On ne peut admettre que quelqu'un ait réussi par son seul travail. Une personne riche l'est forcément devenue de manière malhonnête.

L'argent, synonyme de mésentente

Franck vient consulter pour ce qu'il appelle sa phobie. Dès que son épouse lui parle de dépense, un malaise l'envahit, qui l'empêche de s'exprimer. Il est angoissé, ressent une peur incontrôlable à l'idée d'un conflit potentiel. S'ensuit immanquablement une dispute conjugale au cours de laquelle lui sont reprochées son immaturité, sa fuite des responsabilités et où s'affiche l'exaspération de sa compagne qui doit toujours prendre seule les décisions importantes.

Franck déclare être lui aussi à bout et désirer se débarrasser de cette réaction idiote face aux questions d'argent. Il adopte ce même comportement avec son associé. Leur commerce de tapis marche bien, mais Franck laisse à son collaborateur le soin d'assurer la gestion de leur entreprise. Il dit avoir peu d'attrait pour la comptabilité. En fait, il redoute de parler chiffres avec les gens qu'il affectionne. « Cela finit toujours par des disputes. » Franck n'a peut-être pas tout à fait tort, mais son anxiété reste un sérieux handicap.

C'est en évoquant son enfance que la racine du mal apparaît. Franck a dû, durant ses jeunes années, subir les affrontements perpétuels de ses parents à propos de l'argent du ménage. La séance hebdomadaire des comptes, comme toutes les questions d'argent, provoquait d'interminables querelles. Seul son père travaillait et ne manquait pas de le rappeler à toute la famille, enjoignant chacun de justifier ses dépenses. Ce n'était pas un homme avare, mais parler d'argent tournait invariablement à la dispute. La famille était pourtant unie et le couple formé par ses parents semblait heureux.

Franck a malheureusement intégré très tôt l'idée que l'argent est un objet de discorde, de mésentente. À cause de cela, toute son enfance, il a vécu dans la terreur de voir ses parents divorcer. Pour lui, parler d'argent avec un proche c'est risquer le conflit. Des peurs anciennes réapparaissent, qu'il ne réussit pas à maîtriser.

Pour beaucoup d'enfants, l'argent est synonyme de conflit. La vie est devenue matériellement difficile et nombre de parents entretiennent des rapports conflictuels engendrés par l'angoisse du manque. Il n'est pas recommandé d'exprimer nos différends face aux enfants. Ces derniers ne raisonnent pas comme les adultes et toute querelle est pour eux l'annonce d'une catastrophe : la séparation des parents. Les enfants analysent tout sous la forme du « tout ou rien ». Pour eux, il n'y a pas de juste milieu. S'installe très vite chez eux la peur de perdre l'un ou l'autre des parents, voire les deux. Pour cette raison, la représentation de l'argent comme objet de discorde peut facilement être intégrée, et cela ne sera pas sans conséquence sur les rapports futurs de l'enfant avec l'argent mais aussi avec les autres.

L'argent, symbole de la réussite sociale

Dans les milieux favorisés, les indices de réussite sociale sont souvent essentiels. Un individu est jugé sur des signes extérieurs d'aisance ou de promesse de réussite. Tout nouvel arrivant, petit ami ou petite amie, est ainsi passé au crible et sera jugé acceptable ou non par les parents. La situation professionnelle, le niveau d'études

Amélie cherche mari désespérément

Amélie, trente ans, est l'aînée d'une famille de trois enfants. Elle a deux frères plus jeunes, tous les deux mariés et installés professionnellement. Son père, patron d'une PME provinciale, dispose de revenus confortables. Amélie a eu une enfance heureuse et n'a manqué de rien. Ayant suivi des études universitaires brillantes, elle occupe un emploi de cadre supérieur très rémunérateur. Elle vit à Paris et sort beaucoup avec un groupe d'amis qui fréquente les boîtes les plus branchées et les restaurants les plus chics de la capitale.

Mais Amélie n'est pas heureuse. Sa vie sentimentale est instable et elle jette un regard angoissé sur les années qui passent. Elle souffre de voir ses meilleures amies désormais mariées et mères de famille. Pourtant, Amélie est jolie et attire les hommes. Seulement, elle a peur. Peur du jugement implacable que portent ses parents sur chaque nouveau prétendant. Son père, surtout, se montre intraitable. Lors de la première rencontre, il se livre à un véritable interrogatoire afin d'établir le pedigree du postulant. Ses exigences sont extrêmes et Amélie a ensuite droit à un discours virulent destiné à la mettre en garde contre les dangers d'une mauvaise union − son petit ami est considéré comme trop peu fortuné, d'une extraction trop basse ou promis à une carrière trop modeste. Bref, aux yeux de son père, Amélie a toujours eu des choix malheureux, incompatibles avec sa position sociale. Que sa fille ait de réels sentiments amoureux lui importe peu. Depuis son enfance, Amélie admire son père et ne peut supporter de le décevoir. Elle a tout réussi − études, carrière − pour garder son amour et ne peut imaginer lui déplaire en assumant elle-même le choix de son compagnon. Cela génère chez elle une telle angoisse qu'elle met immédiatement fin à toute idylle qui n'obtient pas l'assentiment paternel.

poursuivies correspondent à un droit d'entrée. La position sociale de la famille d'origine a une importance capitale : « On ne mélange pas les torchons et les serviettes. » Corrélativement, les valeurs humaines, les sentiments, sont considérés comme de moindre importance.

Considérer l'argent comme un symbole de réussite sociale amène les gens à vivre de manière superficielle. Ils mettent en avant un écran constitué de signes extérieurs de richesse pour entretenir l'apparence de l'aisance, de la réussite. Les sentiments, les émotions, les aspirations profondes sont relégués au second plan, voire totalement réprimés. Des individus renoncent à une vocation pour épouser une carrière, présentant à leurs yeux peu d'attrait, mais bien considérée par leur milieu.

Cette représentation de l'argent se retrouve dans des milieux plus modestes. On apprend aux enfants à réfréner leurs élans affectifs et à donner l'apparence de la réussite. Le modeste budget familial est utilisé pour l'achat de vêtements à la mode plutôt que pour l'indispensable : nourriture, santé... Dans ces familles, les parents ne témoignent pas d'une réelle affection à l'égard de leurs enfants, dont la valeur compte moins que les habits qu'ils portent. Ces enfants deviendront des adultes incapables de gérer les priorités de l'existence. À leur tour, ils s'emprisonneront dans une conception de l'argent fondée sur le qu'en-dira-t-on. Ils accepteront de manquer de l'essentiel, pourvu que l'image de la réussite sociale soit entretenue.

ARGENT ET ÉDUCATION

> ### Paraître plutôt qu'être
>
> Je me souviens d'un ami de faculté, Pierre, un étudiant brillant, qui, à quelques mois de son diplôme, a préféré abandonner ses études pour se consacrer à une carrière dans la banque. Il avait accepté un emploi modeste qui suffisait à entretenir une apparence d'aisance et de réussite. Il n'arrivait pas à admettre qu'une fois sur le marché du travail il allait lui falloir être patient pour gravir les échelons. Aujourd'hui, bien que jouissant toujours de maigres revenus, il s'acharne à emprunter régulièrement des sommes importantes pour se maintenir, lui et sa famille, dans une illusoire aisance financière. Grande maison, grosse voiture, des vacances plusieurs fois par an à la montagne ou à l'étranger, il mène grand train et vit bien au-dessus de ses moyens. Mais qu'importent les dettes, il fait bonne figure face à la famille et à nous, ses amis d'université.
>
> Il m'était arrivé de rencontrer ses parents et je comprends maintenant le comportement de Pierre à l'égard de l'argent. Petits fonctionnaires, ils habitaient dans un quartier chic de Paris et se donnaient l'allure de parvenus, s'exprimant sur un ton mondain, à la limite du ridicule. À l'époque, nous ne manquions pas d'en rire. Plus tard, j'ai pris conscience de leur mal-être. Tout tenait dans les apparences. Au quotidien, ils se nourrissaient chichement, rognant sur le budget alimentaire pour dépenser l'essentiel de leur argent dans les magasins de vêtements ou dans les restaurants et pour épater la galerie.

Marqué par cette éducation, Pierre reproduit encore aujourd'hui ce mode de vie où l'argent, symbole de réussite, mérite qu'on lui sacrifie bien des choses.

L'argent et la respectabilité

Cette représentation de l'argent rejoint la précédente. L'argent est ici considéré comme gage de respectabilité et d'admiration. Les personnes ayant intégré cette valeur par leur éducation deviennent dépendantes à l'argent. Non pas qu'elles cherchent à en gagner beaucoup, mais elles ne peuvent respecter l'autre qu'en fonction de ce qu'il possède. Une femme ne respectera son mari qu'en fonction de l'argent qu'il rapporte au foyer. C'est pourquoi certains couples se délitent dès que l'un ou l'autre perd son emploi ou qu'un problème financier sérieux apparaît.

Conséquence possible de ce type de conception de l'argent : l'individu recherche constamment le respect au travers d'un salaire devant représenter sa propre valeur. Si, enfant, il a perçu que le respect de l'un des parents envers l'autre dépendait de ce que ce dernier apportait au budget familial, il en vient à la conclusion que même des revenus moyens représentent un danger : celui de ne plus être considéré. Il se lance alors dans la recherche illusoire d'un gain substantiel ; l'intérêt, l'attrait de l'emploi passent au second plan.

Cette exigence rend la vie de couple difficile et fragile. Tout attachement est conditionné par l'argent. C'est une forme de dépendance qui installe une lutte incessante : « Je dois montrer que je suis capable de gagner autant ou plus qu'untel ou untel... » S'ensuit une insatisfaction, une frustration et un mal-être permanents.

> ### « Mais que vont-ils penser de nous ? »
>
> Jeanne est, aux yeux de son mari, très dépensière. Il n'a pas tort. Elle est toujours habillée avec goût et du dernier chic. Elle veille à ce qu'il en soit de même pour leurs deux enfants. Elle a imposé l'achat d'une vaste maison que le couple ne parvient que très difficilement à rembourser. Seul monsieur travaille. Jeanne est, depuis la naissance du premier enfant, mère au foyer. Elle a occupé auparavant un emploi d'hôtesse de vente dans un magasin de luxe à Paris.
> Le couple consulte sur la demande de monsieur, qui juge les comportements de son épouse excessifs. Son entreprise connaît actuellement des revers financiers qui ont conduit à une importante réduction de ses revenus. Il estime que Jeanne devrait comprendre la situation et participer à la gestion de cette crise passagère. Mais « elle dépense à tort et à travers et refuse de m'écouter si j'aborde le sujet ! Elle est de plus en plus agressive et me rejette, me traite d'incapable devant les enfants ».
> En entendant son mari, Jeanne se met à pleurer : « Qu'est-ce que l'on va devenir ? Qu'est-ce que les gens vont penser de nous ? » Elle explique ensuite qu'elle ne comprend plus son conjoint, qu'il a changé depuis quelques semaines (en fait, depuis que les problèmes de sa société sont apparus), qu'il n'est plus celui qu'elle a connu...

Jeanne tombe en désamour. Victime de son éducation, elle confond amour, respect et admiration. L'argent occupe une telle place dans la vie de certains d'entre nous qu'il conditionne nos investissements affectifs. Il peut arriver qu'une personne éprouve des sentiments qui ne sont en réalité que l'illusion d'un attachement amoureux, conditionné en fait par une représentation malheureuse de l'argent. Le lien établi donne une impression de solidité, mais il cède devant la moindre difficulté financière qui vient remettre en question la respectabilité ou l'admiration portée à la personne aimée.

L'argent, en lieu et place de l'amour

Vivant dans un monde envahi par la publicité et l'incitation à consommer, nous avons tendance à exprimer notre affection par l'argent. Quel parent n'a pas eu le désir de faire un cadeau à son enfant scolarisé en internat lors de son retour le week-end, pour réparer son éloignement forcé ? De même, les grands-parents « gâteaux », qui expriment leur tendresse envers leurs petits-enfants par des dons réguliers, nous en connaissons tous. Tout cela est bien normal. Mais cet amour monnayé peut, malheureusement, donner lieu à des comportements aberrants.

Un double Smic d'argent de poche

Manon, quatorze ans, est assise devant moi, les yeux baissés, dans une attitude de repli. Elle a honte. Si elle le pouvait, elle se cacherait dans un trou de souris. Ce matin, Manon a été interpellée par la police à la sortie de son collège. Elle est accusée d'avoir fourni du cannabis aux camarades de sa classe. Elle me déclare que c'est la première fois. Des adolescents plus âgés lui ont vendu la drogue la veille aux abords de l'établissement. Manon est terrorisée par ce qui lui arrive. Après un interrogatoire au poste de police, elle a été remise à ses parents. Ceux-ci l'ont aussitôt emmenée chez un ami médecin qui me l'a adressée.

ARGENT ET ÉDUCATION

> Lorsque je leur demande s'ils ont une idée de la manière dont Manon a pu disposer de tant d'argent, ils se regardent, surpris.
> — Voyons, Manon a de l'argent de poche, me répond le père.
> — Combien ?
> — 400 euros par semaine environ, m'informe la mère, sur un ton qui laisse supposer que ce montant n'a pour eux rien de pharaonique.
>
> Effectivement, à la fin du mois, cela fait ni plus ni moins que deux fois le Smic ! Je tente de faire prendre conscience aux parents de Manon la légèreté de leur attitude. Je me fais copieusement insulter et ils m'invitent à m'occuper de mes affaires, je n'ai aucune leçon à leur donner en matière d'éducation...
>
> Inutile de préciser que ces gens sont plutôt à l'aise financièrement. Tous deux exercent des professions lucratives, mais prenantes. Ils sont absents presque toute la semaine du domicile familial. Alors, ils pensent compenser ce manque avec de l'argent. Manon a tout ce dont peut rêver une adolescente de son âge : scooter, vêtements à la mode, téléphone portable dernier cri, vacances dans des lieux paradisiaques...
>
> L'argent remplace à tel point leur amour que, même lorsqu'ils sont à la maison, ils s'accordent des sorties au cinéma, par exemple, sans proposer à Manon de les accompagner. S'ils daignent l'emmener au restaurant, ils prennent soin de choisir un endroit luxueux, persuadés de lui faire plaisir.

Cette façon d'exprimer son affection par l'argent se retrouve dans tous les milieux, aisés ou non. Le cas précédent est une situation extrême. Souvent, cependant, les parents ne se sentent pas capables d'agir autrement. Ils ont eux-mêmes subi ce phénomène. Il s'agit de personnes issues en majorité de familles marquées par un processus psychologique dénommé « rétention émotionnelle » : ce qu'elles ne parviennent pas à dire avec des mots, elles l'expriment au moyen d'un vecteur, ici l'argent ; par le biais de cadeaux, de dons, elles pensent démontrer aux autres qu'elles les aiment. Se transmet donc de génération en génération cette manière particulière de montrer son attachement à ceux que l'on apprécie. Un apprentissage dit social s'opère, qui consiste à reproduire par imitation les comportements observés chez les proches depuis l'enfance.

Devenus adultes, les individus élevés dans ce contexte familial auront tendance à vouloir acheter les autres, ou plutôt leur affection, leur amitié, leur estime. La frustration occasionnée par le fait de donner est compensée en retour par une attente d'affection. Malheureusement, celle-ci ne vient pas toujours. L'entourage sait que ce genre de personne n'est pas capable de dire non, qu'elle est généreuse, incapable de refuser. Quand il faut la convaincre, les proches, parents ou amis, connaissent la manière d'obtenir ce qu'ils veulent, tout simplement au moyen d'un chantage affectif. « Tu me donnes, je t'aime, tu refuses, je te fais la tête. » Cela marche à tous les coups.

Derrière ce mode de fonctionnement, on retrouve des dépensiers compulsifs ou des superendettés. Chez eux, la dépendance à l'argent est secondaire à la dépendance affective.

Cette conception de l'argent comme substitut de l'amour rend les gens malheureux, parce qu'inévitablement frustrés. Ils doutent sans cesse de l'affection des autres et sont dans une recherche constante de celle-ci. Les rapports entretenus sont factices et remis en question à chaque refus. Il existe chez eux la peur de se retrouver seuls, rejetés et mal-aimés de tous. Cette quête permanente ne manque pas de leur occasionner des ennuis financiers. Autre frustration qui se surajoute.

J'ai souvent rencontré en consultation des couples sur le point de se séparer, l'un des deux ne supportant plus l'extrême générosité de l'autre. Dans bien des cas, cette notion de valeur de soi attribuée à l'argent était la cause majeure de leur dissension.

L'argent, pouvoir et puissance

Notre société a toujours entretenu ce mythe de l'argent associé à la puissance, au pouvoir. Il est impossible de séparer, dans l'histoire des nations, les notions de pouvoir et d'argent. De tout temps, les gouvernants se sont tournés vers ceux qui détenaient la fortune. Aucun pouvoir ne peut s'exercer sans puissance financière. La richesse est recherchée comme moyen de diriger le monde. Les sinistres événements du 11 septembre 2001 en sont un exemple : les États-Unis ont été attaqués dans ce qui représente le symbole de leur puissance : le quartier des affaires et de la finance de Manhattan.

À l'échelon individuel, le pouvoir que procure l'argent peut représenter à lui seul un objectif de vie. Beaucoup d'entre nous succombent aux charmes de ces privilèges et en deviennent esclaves. Le succès des émissions ou des magazines étalant les richesses des personnalités du spectacle ou des affaires en est la preuve. Si, pour certains, la vie des gens riches permet de rêver en s'imaginant dans le luxe d'un nabab ou d'une star, pour d'autres, c'est surtout l'attrait de la puissance qui agit. Combien de parents encouragent leur progéniture à réussir, moins pour se rassurer que par esprit de revanche ?

Les enfants sont très tôt initiés à cette idée. À l'école, les gosses de riches se repèrent vite. Leurs vêtements de marque, les voitures de leurs parents, le montant de leur argent de poche ne manquent pas de susciter envie, jalousie et fascination. Depuis une trentaine d'années, ceux qui font la mode l'ont bien compris. Fini les pantalons de tergal ou les jupes plissées que tout le monde portait au collège. Maintenant, les adolescents s'habillent tout aussi uniformément, mais « avec des marques », au grand dam des portefeuilles parentaux. Et malheur à celui qui ne peut suivre ! Il est pauvre, il est mis à l'écart du groupe. Dès son arrivée à l'école primaire, le jeune enfant se trouve confronté à cette réalité. D'emblée, il perçoit la domination qui s'exerce dans le monde des adultes en observant les parents de ses petits camarades et les siens. Au travers des remarques ou commentaires entendus dans les conversations entre adultes, il est obligé de ressentir cette hiérarchisation des gens selon leur profession et leur richesse.

« Tu dois réussir, mon fils ! »

François s'est battu pour terminer brillamment ses études. Il occupe maintenant un poste de cadre supérieur au sein d'un grand groupe. Il consulte pour ce qu'il pense être une dépression. Récemment, il s'est vu refuser une promotion. Un autre a été choisi pour un poste qu'il briguait depuis des mois. François a vécu cette décision comme une trahison. À l'écouter, le monde s'effondre autour de lui. Il est pourtant jeune. Assurément trop jeune pour assumer de si hautes responsabilités. Il m'explique avec passion ses ambitions professionnelles. Elles sont simples : il veut gravir les échelons jusqu'au haut de la pyramide. Il se donne quelques années pour y parvenir. Il prend donc ce revers comme un fâcheux contretemps.

Ce n'est pas seulement le désir de diriger, de posséder le pouvoir dans son entreprise qui l'attire. François veut jouir des privilèges correspondant à la fonction. Il veut être riche. Son personnage de référence est celui de Richard Gere dans *Pretty Woman*. Il se voit millionnaire et respecté de tous, exerçant son pouvoir sur chaque chose, dans son travail comme à l'extérieur.

François est devenu esclave de ses ambitions. Il ne dort plus, travaille trente-cinq heures… tous les deux jours, est obsédé par la réussite et la puissance qu'elle lui procurerait. François cherche à correspondre au modèle de la réussite professionnelle édicté par son père, petit employé peu fortuné et aigri qui n'a jamais accepté son statut social. C'était un homme qui ne parlait que d'argent. Manifestement, il mourait d'envie face aux gens aisés ou riches, il les adulait en quelque sorte. Non pas pour leur fortune, mais pour les privilèges et la puissance qu'elle procure.

Un jour, en revenant de l'école, François passe prendre son père sur son lieu de travail. Il assiste à une scène qui le marquera. Un de ses supérieurs est en train de réprimander son père pour un travail mal effectué. Les larmes aux yeux, ce

> dernier, apercevant son fils, l'attrape par le bras et le dirige vers la sortie en lui disant : « François, tu dois réussir pour devenir un monsieur, un patron. Tu feras travailler les autres. Personne ne devra te commander. C'est toi qui donneras des ordres à tout le monde. Travaille à l'école, ne me déçois pas ! »

Ne voulant pas faillir à cette injonction paternelle qu'il vit comme une revanche à prendre, François est devenu dépendant de l'argent et de son pouvoir. Il a sombré dans la nécessité du « toujours plus », plus d'argent pour plus de pouvoir et de prestige. François éprouve de la fascination pour tout ce qui représente la puissance engendrée par l'argent. Il en oublie de vivre.

*
* *

Il est ainsi aisé de comprendre combien l'éducation reçue peut nous placer sous influence. Au sein de la famille, l'utilisation de l'argent est le reflet des modes d'échange affectif instaurés entre ses membres. J'ai souvent observé que, lorsque dans la constellation familiale, le fait de parler de l'argent est une chose facile, mettre des mots sur les ressentis, les émotions l'est aussi. Il en est de même de la capacité à émettre des gestes d'affection. Les parents et les enfants expriment verbalement et gestuellement leurs investissements affectifs. Il s'en dégage une chaleur et une sensation de bonheur d'être ensemble que l'on retrouve difficilement dans les familles placées sous la coupe d'un avare.

Là, tout est restriction, non-dit, et la stérilisation des affects rend arides les rapports entre les personnes. Il y a une correspondance étroite entre notre maniement de l'argent et notre vécu affectif.

L'argent occupe une telle place chez certains d'entre nous qu'ils ne peuvent manquer d'en transmettre à leurs enfants des représentations qui se révéleront néfastes pour leur existence. Il est primordial de prendre conscience des effets de notre éducation dans ce domaine lorsqu'un rapport particulier à l'argent s'est installé. C'est bien souvent un temps nécessaire avant la mise en place d'une thérapie. Nous imitons les attitudes et les points de vue des nôtres. Si cette imitation nous convient, nous vivons sans difficulté. Dans le cas contraire, nous ressentons des tensions psychiques et un mal-être souvent communicatif. D'autres adoptent des « contre-scénarios », les obligeant à toujours agir à « l'encontre de… », ce qui n'est pas sans générer des conflits intérieurs et un état de pression constante bien inconfortable. Il est essentiel de prendre conscience, en tant que parents ou futurs parents, de quelle manière nos comportements face à l'argent peuvent ou pourront influencer nos propres enfants. Il n'est jamais trop tard pour corriger nos attitudes déviantes.

Quelles représentations de l'argent avez-vous reçues par votre éducation ?

Pour vous aider à analyser les influences de votre éducation sur vos comportements face à l'argent, posez-vous les questions suivantes et reportez-vous aux représentations de l'argent exposées plus haut.

> **Repensez à la façon dont vos parents vous parlaient de l'argent :**
>
> - Vous en parlaient-ils ? Était-ce un sujet de conversation fréquent entre vous (argent tabou ou secret de famille) ?
> - Vous paraissaient-ils anxieux face à l'argent (argent vice ou danger) ?
> - Éprouvaient-ils fréquemment la peur d'en manquer ?
> - Se disputaient-ils fréquemment en parlant finances (argent, objet de discorde) ?
> - De quel milieu social étaient-ils issus et, quel que soit ce dernier, en ont-ils souffert (argent et respectabilité, argent et réussite sociale) ?
> - Concevaient-ils l'argent comme une condition *sine qua non* du bonheur ?
> - Attachaient-ils une importance excessive à vos yeux aux notions de réussite par l'argent (argent et réussite sociale, argent et respectabilité) ?
> - L'argent était-il un sujet de conversation inévitable lors des réunions de famille ou entre amis (dépendance à l'argent) ?
> - Avaient-ils tendance à juger vos amis et leur famille en raison de leur situation sociale (argent et réussite, argent et respectabilité) ?
> - Quel type de comportement avaient-ils face à l'argent : radinerie, avarice, prodigalité, dépenses compulsives, indifférence ?

En fonction de vos réponses, vous pouvez appréhender un peu mieux les valeurs reçues par votre éducation et peut-être mieux comprendre votre attitude vis-à-vis de vos enfants. Pensez à ce que ceux-ci vous renvoient dans les remarques, les critiques qu'ils vous adressent.

Posez-vous ensuite les mêmes questions que précédemment à votre sujet. Essayez de répondre honnêtement, au besoin parlez-en avec vos proches. Nous ne percevons pas toujours les choses de manière objective lorsqu'il s'agit de nos propres attitudes ou comportements.

II

LES ENFANTS ET L'ARGENT

Il faut parler de l'argent aux enfants. Le discours doit bien sûr être adapté en fonction de leur âge. Les plus jeunes se montrent en général assez indifférents aux questions d'argent. Mais il arrive qu'ils posent des questions, lorsqu'ils surprennent des conversations à ce sujet ou lorsqu'ils assistent au règlement d'un achat quelconque. Plus récemment, le passage à l'euro a été le sujet de bien des débats dans les cours d'école et les salles de classe. Même les plus petits se sont montrés intéressés par l'événement.

Ces dernières années, les valeurs de notre société sur l'argent ont considérablement changé. Consommer est devenu une activité importante dans notre vie, si ce n'est un passe-temps. Combien d'entre nous ne consacrent-ils pas le samedi après-midi à faire du shopping ? Réfléchissons au temps que nous passons à faire des achats. Il y a quelques décennies cette pratique forcenée de la consommation n'envahissait pas autant notre existence.

Les enfants y participent et sont même invités à y participer de façon pressante. En terme commercial, l'enfant et l'adolescent représentent une niche fructueuse et incontournable. Sollicités en permanence par la publicité et les médias, ils ont naturellement intégré l'acte d'acheter comme un comportement habituel, et de surcroît comme un loisir.

Nos enfants manient l'argent, voire beaucoup d'argent, ce qui paraissait inconcevable voilà à peine quelques décennies. Quel adolescent n'utilise pas un portable, ne joue pas sur une console de jeu, ne sacrifie pas un tant soit peu à la mode ? Nous voyant ainsi acheter en masse dans les hypermarchés qui poussent à la consommation, nous endetter facilement, disposer de produits onéreux avec une apparente aisance, ils n'ont plus les mêmes repères que leurs aînés. L'argent est perçu par eux comme un objet facile et ils n'estiment pas la valeur des choses, ce qui est cher leur paraît accessible.

À cela s'ajoute un phénomène de société notable. Les médias ont envahi notre vie quotidienne avec l'étalage de scandales politico-financiers. Des hommes d'affaires véreux, auteurs d'escroqueries avérées, sont amnistiés et accèdent au vedettariat. Comment, face à cela, peut réagir le petit voleur de scooter de banlieue qui se retrouve, lui, en prison ? D'autres jeunes, souvent mineurs, dealant ou se livrant à des trafics en tous genres, perçoivent des revenus supérieurs à ceux de leurs pères qui travaillent ou ont peiné pendant des années pour des salaires de misère. Comment ne pas penser que les valeurs de nos enfants n'ont pas été bousculées ? La recrudescence de la petite délinquance dans les villes en est l'illustration. Ne pas posséder ce qui semble banal et nécessaire devient une frustration insupportable à laquelle le vol, le racket ou le deal vont remédier.

En cas de problème

L'argent reste un sujet de préoccupation pour la majorité d'entre nous et les enfants jeunes le perçoivent inévitablement. Ils sont de véritables petites éponges à émotion et l'inquiétude d'un parent, son anxiété seront très vite ressenties par eux. À chaque fois, l'enfant vivra intensément l'angoisse de s'en sentir responsable et de perdre en conséquence l'amour de la ou des personnes rassurantes et sécurisantes qui comptent pour lui le plus au monde, sa mère et son père. Qu'il s'agisse de souci financier ou de problème de couple, tout prendra l'allure de réactions anxieuses marquées par la culpabilité et la peur de ne plus être aimé.

C'est pourquoi il est essentiel de ne pas mentir ou cacher les problèmes aux enfants. Afin qu'ils ne fantasment pas et ne bâtissent pas de scénarios catastrophes, il faut prendre le temps de leur expliquer simplement les raisons de vos soucis et leur dire que c'est à vous, adultes, de les résoudre et que, à l'inverse d'eux, vous disposez des capacités et des moyens nécessaires.

Vous pouvez aussi exposer en termes simples les conséquences du manque d'argent sur le budget familial et la nature des efforts que chacun peut être appelé à fournir. Ainsi, ils ne s'étonneront pas des changements dans le train de vie de la famille et pourront même se sentir davantage motivés à accepter les restrictions et même à y prêter une attention particulière.

> ### « De la tune et tu es quelqu'un »
>
> La seule préoccupation de François, seize ans, semble être l'argent. Ses discussions sont centrées sur la manière d'en gagner, sur le niveau de vie de tel ou tel... François place ses finances en tête de ses priorités. Il s'inquiète toujours de savoir s'il aura les moyens de s'acheter des vêtements de marque, de se rendre en vacances dans un endroit pas trop ringard. Ce que pensent ses amis de son look est d'une importance capitale.
>
> « Si tu as de la tune, tu es quelqu'un. » Cette phrase de François résonne comme un leitmotiv qui exaspère ses parents. Et ils ne manquent pas de se faire du souci. Leur fils passe une grande partie de son temps libre en petits boulots et « trafics en tous genres », comme dit son père, « mais ses études restent à la traîne ». Il est vrai que, avec une famille de quatre enfants, les parents de François ne peuvent pas mener un train de vie princier. Les exigences de François sont loin d'être modestes. Il veut vivre à la manière des fils de familles aisées qui fréquentent son lycée. Ces adolescents, ou plutôt leur niveau de vie, exercent une fascination sur lui. Au-delà de la possession de vêtements à la mode ou du lecteur laser dernier cri, c'est son image qui est en cause et même sa personne, sa valeur auprès des autres. Alors, ses réactions témoignent bien souvent d'un égoïsme extrême. Il n'hésitera pas à s'enflammer dès que son père ou sa mère refusent un achat jugé déraisonnable. Qu'importe que ses frères et sœurs s'habillent plus modestement dans les supermarchés, pourvu qu'il puisse entretenir son look.

Les adolescents ne réagiront pas de la même manière. Très centrés sur eux-mêmes, à la limite de l'égoïsme, ils ne se préoccuperont de la situation qu'en dernière minute, surtout si leur confort s'en trouve menacé.

L'adolescent ne vit l'argent qu'au travers des satisfactions immédiates ou des frustrations qu'il occasionne. Nombriliste, il ne se préoccupe pas vraiment de la façon dont il est gagné par les parents. En cas de problème, il analyse les difficultés et ne s'inquiète bien souvent que lorsque le risque de voir son niveau de vie s'amenuiser apparaît. Il peut néanmoins facilement s'angoisser si la situation problématique ne lui est pas suffisamment expliquée.

Pour l'adolescent, la famille fait aussi partie de son image, de son look. Si ses parents ont atteint un certain niveau de réussite, il n'hésite pas à le montrer à ses petits camarades et à s'investir du sentiment de puissance qui s'en dégage. En cas de crise, la peur de la dégringolade, correspondant à une perte d'estime de la part de ses pairs, est particulièrement redoutée. Là encore, le dialogue s'impose. Ne soyez pas choqués de l'indifférence ou du désintérêt qu'il affiche. Tout en semblant ne pas s'en préoccuper, il se montre plus vigilant que vous ne le pensez. Mais il ne l'avouera pas !

Chaque adolescent condamne sévèrement le mode de vie et les valeurs de ses parents, « vieux cons » qui n'ont rien compris. Seulement, ce qui se rapporte à son confort et surtout à leur image est une priorité essentielle. La honte de la déchéance l'envahit facilement et devient vite néfaste pour son fragile état psychologique. N'hésitez pas à parler avec lui de vos problèmes. Utilisez des termes simples et n'entrez pas forcément dans les détails. Il suffit d'amenuiser son inquiétude par de l'information sur la situation. Rien n'est plus stressant que l'incertitude qui laisse imaginer le pire. Si la situation est critique, oser en parler est psychologiquement souhaitable. L'adolescent en comprendra les conséquences, sans s'en sentir coupable, et participera volontiers à l'effort de guerre.

Comment en parler ?

Ne parlez pas de l'argent comme d'une finalité. Ne laissez pas croire à vos enfants que le but de l'existence est de gagner le plus d'argent possible, ni même uniquement d'en gagner. Il est vrai que chacun travaille pour être rémunéré et que vous ne travailleriez pas dans le cas contraire. Soyez rassurés, moi non plus !

Il est nécessaire néanmoins de faire comprendre à vos chères petites têtes blondes que l'argent perçu par votre travail n'est qu'un renforcement secondaire. Ce qui signifie qu'il représente un moyen d'assurer l'existence de la famille et ses besoins au quotidien, ensuite d'obtenir des plaisirs. Ne placez pas les choses en ordre inverse ! De même, le travail que vous faites est une activité qui, je l'espère pour vous, représente autre chose que la simple perception d'une fiche de paie à la fin du mois. Exercer une profession, quelle qu'elle soit, vous permet, à des degrés divers, de développer un univers relationnel qui vous est propre, d'apprendre un savoir-faire et de vous épanouir. Certes, « l'homme n'est pas fait pour le travail, la preuve : ça le fatigue ! ». Il n'en reste pas moins que l'oisiveté est mal supportée par la plupart d'entre nous. Sachez mettre en valeur cette fonction du travail et faire respecter le fruit de vos efforts.

Bien des enfants ont l'impression que l'argent se gagne trop facilement. Ils voient leurs parents dépenser apparemment sans compter pour des restaurants, l'achat de choses correspondant à des gadgets, bref pour du superflu ou du luxe. Je n'entends pas par là qu'il faut renoncer aux plaisirs que l'on peut s'offrir et qui rendent l'existence agréable. Simplement, prenez garde de ne pas afficher avec insistance, devant vos enfants, ce genre de dépenses. L'argent est une chose sérieuse qui ne tombe pas du ciel et qui doit d'abord être utilisée pour le nécessaire.

Les banques ne sont pas non plus des magasins à argent. Je me souviens de la réflexion de l'un de mes enfants, alors âgé de deux ou trois ans, voyant sa mère s'excuser de manquer d'argent liquide pour régler un achat : « C'est pas grave, va en racheter à la banque, maman ! » C'est une particularité de la naïveté enfantine que de croire que l'argent est un objet magique qui vient on ne sait d'où, pour acheter des tas de choses qui font plaisir.

Ne vous montrez pas esclaves de l'argent. Si vous avez la chance de disposer de revenus confortables, ne tombez pas dans le « toujours plus ». Ne donnez pas à vos enfants l'impression que l'argent sert à assouvir toutes les lubies, tous les caprices.

Ne passez pas votre temps à en discuter. Si des problèmes d'argent surgissent – par exemple, une facture imprévue à régler –, parlez-en entre vous, en dehors de la présence des enfants. Ils n'ont pas à être tenus au courant de la gestion de votre budget, du montant de vos revenus. Les informer doit se faire en cas de crise réelle, lorsqu'il s'avère évident qu'ils s'apercevront que quelque chose ne va pas, qu'ils vont être directement concernés par les économies forcées à venir.

Il ne faut pas que l'argent soit pour vous une sorte d'objet totalitaire, qu'il ait envahi chaque moment de votre existence, que vous passiez la majeure partie de votre temps soit à en parler, soit à en gagner. Si c'est le cas, vos enfants reproduiront des comportements identiques et subiront eux aussi les avatars de cette dépendance. Inversement, ils pourront avoir été tellement saturés par cette dictature de l'argent durant leur enfance qu'ils adopteront des comportements opposés malheureusement pas toujours adaptés. C'est ainsi que, plus tard, ils risquent de devenir des adultes irresponsables qui écarteront toute chose se rapportant à l'argent.

Évitez d'exposer votre argent. Si vous êtes en possession d'une somme importante en liquide, ne la mettez pas ostensiblement sous le nez de vos enfants, jeunes ou adolescents ; il n'est pas bon qu'ils assistent à la manipulation de tant d'argent liquide. Certes, cela les rassurera de se savoir à l'abri du besoin, mais ils pourraient croire qu'il est facile d'en gagner. Le risque est alors qu'ils perdent la notion de la valeur des choses. Les enfants de familles très aisées, chez qui l'argent est par trop mis en avant, deviennent plus facilement intolérants à la frustration. Si, plus tard, ils ne disposent pas de la même aisance que leurs parents, ils établissent une dépendance à l'argent et se retrouvent dépensiers compulsifs, flambeurs ou sombrent dans l'avarice.

Il ne s'agit pas non plus que l'argent fasse peur à vos enfants. Évitez de le placer en objet tabou ou dangereux, en quelque sorte investi d'un pouvoir occulte. Si votre attitude face à l'argent est cohérente, que vous n'en fassiez pas, de manière soucieuse, une affaire de chaque instant, que vous ne subissiez pas l'argent comme un objet totalitaire, dominant et anxiogène, vos enfants lui donneront la place qui doit lui revenir : ils chercheront à gagner de l'argent pour vivre et ne vivront pas pour l'argent.

Ne positionnez pas non plus l'argent comme seul moyen de réaliser vos rêves. Ne remettez pas sans cesse sur le tapis ce que vous feriez si vous gagniez au Loto ou si vous héritiez de votre oncle d'Amérique. Il est amusant de s'imaginer dans cette situation et de délirer sur l'utilisation d'une fortune soudaine, mais n'abordez pas systématiquement le sujet les jours du tirage du Loto. La vie peut être un rêve sans grosse cagnotte. Les plus beaux rêves sont peut-être ceux que l'on ne réalise jamais : « La possession tue le désir. » Il est important que vos enfants se sentent capables de réaliser les

---

Quand la passion de l'argent tue l'amour

J'ai reçu un jour un étudiant amoureux d'une jeune Vietnamienne. Il s'était rendu récemment dans le pays de sa bien-aimée, qui était retournée chez elle à la fin de ses études. Ils profitèrent de ce voyage pour se fiancer, chose très sérieuse en Extrême-Orient, où une promesse devient un engagement définitif d'ailleurs cautionné par force cérémonies et rituels religieux. Comme il est d'usage en Asie, notre jeune homme fut averti qu'il devrait verser dix mille dollars à la belle-famille au moment du mariage. Jeune, n'ayant pas achevé ses études, il fut contraint de revenir en France avec le projet de réaliser son rêve : rejoindre sa future une fois ses diplômes obtenus et l'argent de la dot économisé.

Sa famille fortunée, se montrant peu enthousiaste face à l'idée de cette union et choquée par le principe, avait refusé de lui avancer le moindre euro. Malgré de fréquents contacts par Internet et, plus rarement, par téléphone, la séparation et l'éloignement lui furent de plus en plus difficiles. Étudiant brillant, il se désintéressa de ses études et fut envahi par l'obsession de rassembler au plus vite la somme qui lui était demandée, espérant ainsi se marier rapidement. Habitué à vivre confortablement, n'ayant jamais connu la gêne, il s'était persuadé que rien n'était plus facile que de gagner de l'argent. Il ne tarda pas à devenir plus réaliste. Mais refusant toute frustration en matière d'argent, il se mit à utiliser des moyens peu légaux. Sa vie ne s'organisa alors plus qu'autour de l'argent et il installa rapidement une dépendance dont il n'était plus capable de se débarrasser. La jolie Vietnamienne fut vite oubliée, la passion de l'argent la remplaça et notre jeune homme courut à sa perte.

leurs sans forcément y mêler l'argent, ou la nécessité d'être riche.

Ce cas est typique de ce qu'une éducation fondée sur une représentation de l'argent facile peut produire. Seul l'argent rend possible la réalisation des rêves, alors il faut en gagner encore et encore, au point d'oublier ce qui est essentiel. Notre étudiant aurait davantage gagné par la richesse du cœur.

C'est peut-être de cette richesse-là dont il faut parler à nos enfants. Conseillez-leur de réussir leur vie avant de réussir dans la vie.

Si l'argent a été créé, à l'origine, pour faciliter les échanges, il peut aussi être le fruit d'un partage. Faire plaisir aux autres est un des plus beaux gestes de la vie. Dites-le-leur et apprenez-leur à savoir donner, de manière raisonnable évidemment.

Les enfants et le vol

Le vol est un motif de consultation banal et fréquent. Bien souvent, les parents sont dépassés par ce qu'ont osé faire leurs petits anges. Pourtant, l'affaire n'est pas toujours aussi grave. Plusieurs critères sont à prendre en compte : l'âge du malfaisant, sa place dans la fratrie, les conditions de vie de la famille, le niveau social, si c'est une famille recomposée...

Lorsque l'enfant est jeune, il lui est difficile de supporter les frustrations. Or, nous vivons dans un monde de grande consommation soutenu par de nombreux systèmes de sollicitations, comme la publicité, la mode, la nécessité de faire partie d'un groupe d'appartenance (les individus tendent à se regrouper en fonction de caractéristiques communes). Allumez votre téléviseur, votre poste de radio, ouvrez un magazine ou un journal, et comptez les messages publicitaires. Les émissions enfantines sont colonisées par cette incitation à acheter, consommer, posséder. Il en ressort que nos enfants sont passés du désir d'avoir au besoin d'avoir, pour faire comme les autres ou ne pas être différents des autres. Certains ne peuvent résister à la tentation de posséder dans l'immédiateté. Patience et enfance sont des concepts qui ne vont pas très bien ensemble. Les adolescents ne sont pas plus compétents en ce domaine.

Il est indispensable d'enseigner à nos enfants l'art de l'attente. Avant tout achat, surtout s'il est d'importance, il faut savoir prendre le temps d'en analyser le caractère raisonnable ou cohérent, temps qui doit être vécu comme un moment de réflexion normal et habituel. « Le désir fait vivre, l'attente tue » définit l'état d'esprit de nos jeunes consommateurs.

Il en résulte que, pour les plus jeunes, l'argent en soi est là pour permettre de satisfaire et, le sentiment de morale n'étant pas encore tout à fait développé, ils usent du moyen le plus simple : aller prendre l'argent là où il se trouve. Alors, ils se servent, le plus souvent en subtilisant la monnaie que vous laissez traîner ou dans le porte-monnaie qui leur est accessible.

Si l'enfant est très jeune, il ne ressentira que peu de culpabilité. Votre courroux et la punition que vous lui infligerez l'éloigneront de toute idée de récidive. Il apprendra que cela ne se fait pas, que c'est un interdit. L'enfant apprendra en quelque sorte la culpabilité en intériorisant les interdits que vous posez. C'est le principe de toute éducation.

L'attitude des grands-parents ou d'un membre de la famille peut aussi expliquer les vols d'un enfant ou d'un jeune adolescent. Une grand-mère généreuse, trop généreuse, et identifiée par l'enfant comme une source de revenus non négligeable et régulière peut, malgré elle, inciter au vol lorsque, pour des raisons diverses, son porte-monnaie menace de se tarir – traitements médicamenteux onéreux, placement en maison de retraite... Le petit-fils ou la petite-fille se sentent frustrés par cette perte soudaine de moyens et le vol vient compenser le manque. Il faut veiller, en tant que parents, à ce que les généreux donateurs de la famille ne se transforment aux yeux de l'enfant en « tontons Cristobald » et que leurs faveurs restent dans des limites cohérentes.

Lorsque l'acte est répété, il s'agit d'autre chose. Se pose la question d'un mal-être ou d'un manque affectif. Ce qui le suggère, c'est le fait que l'enfant ne va pas garder ce qu'il aura acquis avec l'argent volé. Dans ce cas, en effet, il culpabilise et cette culpabilité l'amène à se débarrasser du cadeau qu'il s'est maladroitement offert. Il le donne à un petit copain ou le jette.

> **Louis, l'Arsène Lupin des porte-monnaie**
>
> Louis, dix ans, a honte. Pendant que son père, exaspéré, relate ses criminelles aventures, il reste le nez baissé, le regard rivé sur le bout de ses chaussures. Après des semaines de soupçon de la part de ses parents, il a été pris la main dans le sac... de sa mère. Chose peu appréciée dans cette famille dont le chef, militaire, ne badine pas avec la morale. Après avoir sévèrement puni Louis, ce dernier a bien senti que quelque chose ne tournait pas rond chez son fils et, désirant mieux comprendre, a décidé d'organiser une rencontre avec un psychologue.
> Louis est le troisième d'une fratrie de cinq enfants. Avant lui, il y a deux aînés de quatorze et quinze ans, après lui, deux frères de six et sept ans. Malgré l'attention évidente de ses parents, Louis a la sensation de ne pas être suffisamment aimé. Il éprouve le syndrome de l'enfant du milieu, trop petit pour faire comme les grands et assez grand pour faire les corvées ou assumer les responsabilités des plus âgés.
> Louis avoue ne pas en être à son premier délit. Il a déjà dérobé des petites sommes dans le porte-monnaie de ses parents. Il se sert de cet argent pour acheter ce qu'il appelle des bricoles : images représentant des équipes de football, sucreries, billes, gadgets... Louis déclare s'être chaque fois débarrassé de ces acquisitions en les donnant à des camarades ou en les jetant dans la poubelle. Une fois le larcin commis et les sommes dépensées, il ressent un fort sentiment de culpabilité dont il se dégage en abandonnant les cadeaux qu'il s'est offerts.

Les vols de Louis sont en relation avec un problème affectif. L'argent vient combler les manques ressentis. Les cadeaux qu'il s'achète sont des douceurs qui viennent compenser un défaut de tendresse. Mais Louis a conscience de ses bêtises et il tente chaque fois de se départir du sentiment de culpabilité éprouvé en offrant à d'autres ces sortes de cadeaux ou se punit en les jetant. Il ne s'agit pas d'accuser les parents de ne pas avoir donné suffisamment d'amour à leur enfant, c'est Louis qui se sent privé de leur affection. Une analyse du vécu de cet enfant, accompagnée d'une prise de conscience de celui-ci de la part des parents, ainsi qu'un soutien psychologique visant à aider Louis à mieux trouver sa place au sein de la famille résoudront rapidement les problèmes de vol.

Ressentir un manque d'affection est souvent ce qui pousse les enfants à voler. L'argent est appelé illusoirement à combler les besoins de tendresse. L'enfant se sentant peu aimé par les autres cherche à se donner un ersatz d'amour. Il a de plus la sensation de trouver cet amour dans le regard de ceux à qui il donne les objets de convoitise ainsi achetés. Le don sert à apaiser la culpabilité mais aussi à connaître, au travers du regard de l'autre, la reconnaissance. Pendant un bref instant, l'enfant se sent apprécié, même si, par son geste, il force l'amitié de l'autre qui se sent redevable.

Le vol peut aussi trouver son origine dans un processus de déplacement de la valeur attribuée à l'argent. L'enfant ou l'adolescent qui souffre d'un sentiment de dévalorisation ou d'un complexe d'infériorité cherche à s'attribuer de la valeur aux yeux des autres par le maniement de l'argent. Les vols sont destinés à épater la galerie. Dans ce cas, chez les adolescents, les

Voler pour exister

Jeune surdoué de onze ans, Marc a du mal à trouver sa place parmi les élèves de sa classe de cinquième. Sa petite taille ne lui facilite pas la tâche. Les moqueries à son encontre vont bon train : « Qu'est-ce que tu fais là ? La primaire, c'est de l'autre côté de la rue ! » Combien de fois a-t-il dû entendre cela depuis la rentrée ?

Ses performances scolaires sont excellentes. Ce qui ne manque pas de susciter des jalousies. Au point que, pour essayer d'être comme les autres, Marc s'efforce depuis quelque temps de rater ses évaluations, histoire de ressembler aux cancres de la classe par qui il veut se faire accepter.

À la maison, ce n'est pas mieux. Les parents sont des enseignants chercheurs renommés. Ils sont peu présents, travaillant énormément et appelés à se déplacer fréquemment. Ils sont très exigeants sur les résultats scolaires. Marc ne peut qu'être le meilleur de sa classe. Ils espèrent qu'il suivra leurs traces et ne peuvent imaginer qu'il en soit autrement. Les rares moments où la famille se trouve réunie servent à faire le point sur le niveau scolaire de leur fils et à organiser des séances de travail sur les programmes des classes supérieures.

Ils se refusent, lors de la consultation imposée par le collège, à accepter que les vols de Marc soient causés par autre chose que du racket.

Avec l'argent volé, leur fils achète des CD de rap qu'il n'écoute jamais, n'aimant pas ce genre de musique. Ces achats n'ont pas été retrouvés, puisque Marc les a systématiquement offerts à des camarades de classe, la fameuse bande de cancres. Ceux-ci, ayant compris la manœuvre, sont devenus de plus en plus exigeants et l'importance du trafic n'a pu échapper à la vigilance du collège.

sommes peuvent être importantes en raison de l'achat. Heureusement, les enfants jeunes n'ont pas la notion de l'argent et ils se contentent de menue monnaie, qu'ils dépensent en bricoles répondant à la mode du moment, billes, images de pôkémons...

Une blessure narcissique, causée par des vexations ou des humiliations répétées, explique ces besoins de voler pour briller.

Il est facile de comprendre la motivation des vols de ce préadolescent. L'aider à se faire accepter par ses pairs ne résoudra que partiellement le problème de cette conduite déviante. Un changement dans l'attitude des parents vis-à-vis de leur fils est une condition *sine qua non*. Malheureusement, dans ce cas, elle ne fut pas facile à obtenir.

Si des mesures répressives se révèlent nécessaires en réponse au vol d'un enfant ou d'un adolescent, n'oubliez jamais de prendre le temps d'analyser et de comprendre les raisons de celui-ci. Que ce soit en réponse à un refus de la frustration, un manque affectif ou le besoin de se sentir davantage exister aux yeux de ses pairs, un dialogue doit s'instaurer entre vous et l'enfant. Ne pas le faire, c'est provoquer la répétition de ces conduites ou le passage à une autre forme de compensation, parfois plus risquée, voire destructrice. Cherchez toujours à comprendre le pourquoi de ces larcins. Qu'apportent-ils réellement à votre enfant ?

C'est uniquement dans le cas où il serait très jeune et qu'il aurait agi par incapacité à supporter une frustration qu'une simple punition suffira à éviter qu'il recommence. Sinon, vous ne devez pas hésiter à lui faire rencontrer un professionnel, personne neutre à qui l'enfant se confiera plus facilement. Il ressent en effet la déception qui est la vôtre et sa culpabilité est souvent grande. Mais par le lien affectif qui vous unit, par la nature des relations que vous avez établies au fil du temps, il vous sera difficile d'appréhender correctement les véritables causes de son comportement. Par sa non-implication affective, le « psy » appréciera plus justement les motivations de l'enfant à commettre ce genre d'acte. Il pourra lui apporter une aide rapide et efficace et saura vous conseiller.

Quelques petits conseils

- N'exposez pas trop l'argent aux yeux de vos enfants.
- Évitez de leur faire croire que l'argent est facile à gagner ou à dépenser.
- Ne placez pas l'argent au centre de tout.
- Apprenez-leur à savoir attendre, à supporter la frustration.
- Il vaut mieux réussir sa vie que réussir dans la vie.
- L'argent permet aussi le partage, pensez à le leur montrer.
- En cas de vols répétés, punir, mais aussi dialoguer et ne pas hésiter à consulter.

III

LE COUPLE ET L'ARGENT

La place de l'argent au sein du couple a évolué au gré de la société. Au XIXe siècle, la position et l'ascension sociales de la femme reposaient uniquement sur celles de sa famille puis celles de son mari. Les mariages par intérêt, décidés par les familles, étaient d'usage. Les femmes étaient tenues à l'écart de l'argent. Dans les milieux bourgeois, les hommes n'en discutaient qu'entre eux, dans des lieux réservés, dans la discrétion des cabinets ou des fumoirs. Les épouses n'étaient pas invitées à ces conversations trop sérieuses. Il était, par ailleurs, jugé indécent d'aborder le sujet de l'argent en public.

Le siècle dernier a été marqué par l'accession des femmes au monde du travail et de la finance jusqu'aux rangs des décideurs. Bien des femmes font partie des classes dites dirigeantes, dans les milieux politiques ou industriels. La majeure partie des couples est maintenant composée de deux conjoints exerçant une activité professionnelle. C'est une exigence économique. Cet heureux début de changement de la condition féminine a contribué à rendre plus complexes les rapports des couples à l'argent. L'argent est devenu pour les femmes un moyen d'accéder à une autonomie qui leur était refusée encore récemment. Jusqu'en 1965, les femmes ne pouvaient pas ouvrir un compte en banque sans l'autorisation du chef de famille. Ce dernier perd son statut en 1970, les époux étant désormais appelés à assurer ensemble la direction morale et matérielle de la famille. En 1983, seulement, est votée la loi qui institue l'égalité professionnelle des hommes et des femmes, mais pas l'égalité des salaires pour des fonctions similaires.

Certaines femmes revendiquent aujourd'hui le droit de gérer leur argent sans la participation de leur compagnon. Ne pas dépendre financièrement d'un homme est devenu un principe majeur qui est maintenant partie intégrante de l'éducation des filles.

N'oublions pas la place de plus en plus importante qu'occupent les couples homosexuels dans notre société. Il est évident que l'ensemble des remarques qui vont suivre les concerne tout autant.

L'argent, un pouvoir dans le couple

L'argent est associé au pouvoir, même dans un couple. Celui qui apporte l'argent tend à être plus puissant. Le fait de se sentir entretenu peut engendrer un état de soumission à la personne qui assure la subsistance de la famille. Il

LE COUPLE ET L'ARGENT

existe encore des familles où le père appuie son autorité sur son rôle de pourvoyeur des ressources du foyer. Il donne ainsi généreusement à son épouse le pécule hebdomadaire qu'elle est autorisée à utiliser pour subvenir aux multiples besoins de la maison. Certains n'hésitent pas à interdire à leur épouse l'accès au carnet de chèques ou à la carte bancaire – il est plus facile de contrôler le maniement de l'argent liquide.

Aujourd'hui, de même qu'il n'est plus le seul à gagner sa vie, l'homme n'est plus forcément celui qui a le salaire le plus élevé. L'exercice du pouvoir et de l'autorité s'en est trouvé réaménagé. Reste que celui ou celle qui fait vivre la famille, ou rapporte le plus de subsides, peut s'octroyer davantage de pouvoir ou s'en trouver investi par son conjoint. Ce dernier culpabilise en vertu d'une situation qui a pourtant été choisie par les deux parties. Il arrive que le choix de mettre fin à une carrière pour élever les enfants, par exemple, malgré une décision mutuelle, engendre chez celui ou celle qui va rester à la maison un sentiment d'inutilité puisqu'il ou elle n'occupe aucun emploi, ne contribue pas directement à faire vivre la famille.

Attention ! Une domination trop marquée d'un partenaire sur l'autre crée des conflits latents, cachés, qui minent peu à peu la solidité du couple. Nous reviendrons sur l'importance des choix de vie en regard de l'argent.

Toujours complexes, les rapports du couple à l'argent doivent s'équilibrer de façon subtile.

Le couple, une affaire de dominance et de territoire

Au début de la formation d'un couple, il existe une période de fusion, de lune de miel, où tout est beau et où l'on se sent seul au monde. Puis, la réalité du quotidien s'impose, et il va falloir apprendre à vivre à deux. Chose pas facile. Chacun va devoir définir son territoire, au sens physique du terme, mais aussi se construire un espace psychique. S'instaure un climat de rivalité. Chacun des partenaires cherche à imposer une dominance sur l'autre. Le risque est que l'un prenne de l'emprise sur l'autre, qui se soumet. Il existe des couples où la soumission de l'un des deux partenaires est telle que l'autre devient une sorte d'esclave. S'ensuit un système de relations peu équilibré et le couple se fragilise, à moins que le soumis n'accepte à vie ce qui ne peut manquer de le faire souffrir. Il devient une victime qui porte sa croix et renonce au bonheur, pensant ainsi gagner son paradis. Cessons d'être trop gentils et prenons plutôt la place qui nous est due !

Le couple ne trouve son équilibre que lorsque chacun peut exercer, avec l'assentiment de son conjoint, sa compétence dans un domaine : ménage, cuisine, bricolage, budget... Ainsi s'opère une distribution des territoires et se met en place dans le couple une domination alternée, véritable source d'équilibre et de bonne entente reposant sur un savoir-faire reconnu de l'un ou de l'autre dans tel ou tel champ d'activité. L'argent est un de ces territoires que chacun peut chercher à occuper. Ce n'est pas toujours le plus compétent en la matière qui gère le budget. Dans bien des cas, des motivations douteuses ou des dysfonctionnements entretiennent des conflits larvés.

Le couple et l'argent, différents modèles

Sans tenir compte des comportements de dépendance à l'argent, qui seront décrits dans les chapitres suivants, il est possible de distinguer une liste non exhaustive de modèles de fonctionnement du couple face à l'argent.

T'occupe ! Le pognon c'est mon problème
Un seul des deux partenaires gère le budget. Parce que cela l'arrange. Il tient scrupuleusement l'autre à l'écart et tend même à lui faire comprendre que, de toute façon, il ne comprendrait rien. Évidemment, en cas de problème, l'autre est toujours responsable. « Qu'est-ce que tu peux claquer comme fric ! Tu te rends compte de ce que tu dépenses ! Mais c'est un salaire de ministre qu'il nous faut pour survivre ici ! »

Le conjoint est un inconscient qui dépense sans compter et se comporte en irresponsable. S'il demande à avoir des explications, il reste sur sa faim. Le « conjoint-comptable » s'efforce de poser sur la tenue du budget un flou artistique qui l'arrange.

Il s'impose ainsi en expert, ce qui accroît son emprise sur l'autre, qui ne peut que se sentir de plus en plus coupable et responsable des déboires financiers.

À la longue, l'équilibre du couple peut s'en trouver menacé. Le conjoint en vient à se révolter et à refuser son statut de victime, ou les disputes répétées à l'occasion de la séance des comptes finissent par l'exaspérer. Mais, bien souvent, cette situation perdure et le conjoint victime se dévalorise, perd confiance en lui et peut même finir par avoir peur de l'argent, voire d'en parler.

Le bel indifférent
La compétence de l'un est soit reconnue avec insistance par l'autre, soit suscitée par une attitude délibérée de la part de ce dernier à démontrer son incapacité dans le domaine. L'un des partenaires devient le spécialiste esseulé des comptes. Dès qu'il aborde le sujet, il n'obtient pour toute réponse que du silence ou un : « Moi, je n'y comprends rien ! Ne me parle pas pognon, ça ne m'intéresse pas ! »

En cas de problème, notre expert désigné se trouve piégé, démuni, et se sent immanquablement responsable de la situation. Angoisse ! De surcroît, les remarques ne manqueront pas de fuser : « Ben, qu'est-ce que t'as fait ? On ne peut vraiment pas compter sur toi ! Ce n'est pourtant pas difficile de gérer un budget et d'éviter les découverts ! »

L'argent ne tarde pas à devenir un point de discorde, et si le partenaire indifférent ne se réveille pas, le trésorier malgré lui finira par se rebeller. Pas toujours hélas ! Là encore, la victime peut subir durablement son sort.

L'inconscient

L'un des deux persiste à avoir des attitudes infantiles face à l'argent, qui l'effraie. Dès que le sujet est abordé, panique à bord et fuite. Cette peur remonte effectivement à l'enfance. Des disputes fréquentes entre les parents ont amené le sujet à concevoir l'argent comme un dangereux objet de discorde. Avec l'argent, on se dispute, on ne s'aime plus et on se sépare. Alors autant fuir cette chose maléfique et s'imaginer que le budget se gérera magiquement tout seul, qu'en cas de difficulté, tout finira bien par s'arranger.

Le partenaire est obligé de prendre la responsabilité de la gestion des comptes. Il souffre rapidement du manque de soutien de la part du compagnon ou de la compagne et cette insécurité peut gagner l'ensemble des actes de la vie quotidienne. Que ce soit un problème d'argent ou une décision importante, il se retrouve seul à décider et à agir, ce qui ne tarde pas à devenir pesant.

Le « je sais tout »

Pénible à supporter. Il (ou elle) sait tout faire et est persuadé(e) de s'y connaître en tout : ménage, éducation des enfants et bien sûr finance. Son besoin de contrôle et de maîtrise l'érige en dictateur omnipotent qui ne laisse de place à personne. Il envahit tous les territoires, officie dans tous les domaines et s'impose comme le seul être capable de la maisonnée.

Les obsessionnels, par anxiété, se comportent ainsi, comme nous le verrons dans les chapitres suivants. Mais, le plus souvent, ce sont des personnes souffrant de troubles narcissiques, qui éprouvent sans cesse le besoin de se rassurer sur leur propre valeur.

Cette attitude peut en arranger certains, surtout les personnalités de tendance passive et dépendante. Mais il ne peut être question d'équilibre et d'épanouissement de chacun dans ce système. Un tel comportement correspond à un étouffement du partenaire. Si ce dernier n'a pas une vie extérieure suffisamment riche, gare à la casse.

La cigale et la fourmi
Si l'Harpagon familial est celui qui fait bouillir la marmite, imaginez le calvaire des siens. Si le comportement relève davantage de la fourmi, animal inquiet qui a peur de manquer, l'affaire est moins compliquée, mais pas moins pénible. Une relation de couple équilibrée parviendra à la longue à apaiser l'angoisse de notre forcené de l'épargne. Malheureusement, si avec lui vit une cigale, il faudra du temps.

Cette association des deux opposés n'est pas rare. « Ce qui se ressemble s'assemble » n'est pas forcément une règle dans la formation des couples. Il peut se créer un équilibre dans la gestion du budget, mais après moult conflits.

Parfois, il arrive que l'un ou l'autre se bâtisse une petite cagnotte à l'abri du regard du conjoint. Les hommes ont facilement tendance à adopter ce type de comportement, par souci d'indépendance, de liberté ou par peur de manquer. Si la chose est découverte par surprise par l'autre partenaire, ce dernier le vivra comme une tromperie, qui installera rapidement un climat de suspicion risquant de désagréger le couple. Fourmis, faites-vous connaître.

Le super-cool

Gérer un budget ? Qu'est-ce que cela veut dire ? L'argent, pas de problème. À la fin du mois, nos salaires sont versés. Alors, à quoi bon compter ? Il y a des choses bien plus importantes dans la vie. Pourquoi se prendre la tête avec ça ? Les banques sont là pour s'en occuper.

Bienheureux les innocents ! Même si certains cherchent surtout à se donner un genre en se conduisant de cette manière, des vrais cool, cela existe. Ils finissent par connaître la galère mais, tels des chats, retombent toujours sur leurs pattes.

Le fait d'avoir grandi dans une famille à l'abri du besoin et où la question de l'argent, ne se posant pas, n'était jamais abordée favorise ce type de comportement.

Le super-anxieux, ou perdre sa vie
à la gagner

Tout est sujet à souci. La moindre dépense se révèle une menace pour les ressources du foyer. Le dépôt du bilan familial est pour demain. Comment va-t-on financer les études des enfants ? Pas de panique ! Ils sont encore à la maternelle. Oui, mais il faut tout prévoir. L'éducation explique en partie ces attitudes. Se crée aussi une interaction permanente entre les deux partenaires qui entretient l'angoisse, une sorte de synergie de la peur.

En conséquence, le couple se lance dans un activisme débordant, illusoirement rassurant. Travailler, travailler toujours pour ne pas manquer un jour. Inutile de préciser que leur conception de la vie ne respire pas la joie et la détente.

L'un riche, l'autre pas

L'un des deux conjoints jouit d'une petite fortune personnelle. Il la doit à sa famille ou à l'héritage d'un oncle d'Amérique. L'autre est moins chanceux. L'argent peut devenir un point de fixation. Le prétendant fauché se sent le point de mire de la belle-famille. S'agirait-il d'un intrigant qui en veut à notre argent ? Il s'ensuit, pour ce dernier, une course à la réussite. Et si le succès ne vient pas, le couple peut se disloquer.

Si vous êtes le détenteur du pactole, soyez vigilant et efforcez-vous de comprendre ce que ressent votre conjoint.

Peur d'être un raté

Je me souviens avoir soutenu un temps un couple en difficulté. Les disputes étaient incessantes, accompagnées d'agressivité verbale puis gestuelle. L'épouse était issue d'un milieu aisé, son père ayant été un brillant homme d'affaires. Il avait mal accepté son futur gendre, de condition modeste. Pour ce dernier, cette attitude de rejet avait été pénible et, plusieurs années après, le restait encore. Après un début de carrière brillant, il s'était donné pour objectif de réussir en créant sa propre entreprise. Il lui fallait sauter le pas pour se réaliser.

> Le créneau choisi ne fut pas le meilleur et le manque d'argent se fit sentir. Aux yeux de son épouse, peu inquiète parce que assez riche mais à qui il ne parvenait pas à assurer un train de vie suffisant, il avait la sensation d'être un « raté », relayant ainsi le discours du beau-père.
> Cette jeune femme ne perçut pas la détresse de son mari. L'apparition de comportements de plus en plus virulents de la part de celui-ci la prit par surprise. Tous deux étant de caractère impulsif, les querelles se multiplièrent et la situation devint vite invivable. Comme la communication n'était pas leur fort, ils ne se parlaient qu'en se disputant, entretenant une spirale infernale de violence et de non-compréhension.
> La prise en charge de ce couple lui permit de mieux appréhender les raisons de ses dysfonctionnements. Quand le mari cromprit que sa femme n'établissait aucune comparaison avec son père et qu'elle croyait en sa capacité à réussir, les choses s'améliorèrent petit à petit.

Cette situation se retrouve lorsque l'un des deux partenaires est au chômage. L'autre peut se sentir trompé sur l'espérance qu'il plaçait en son compagnon ou sa compagne pour faire évoluer l'aisance de la famille. Bien que l'on s'en défende, les valeurs traditionnelles persistent et, si c'est l'homme qui se voit privé d'emploi, sa compagne le supportera souvent beaucoup moins bien.

Si le temps des mariages arrangés est désormais révolu, le hasard n'est cependant pas le seul à régler les choses. L'argent des grandes familles bourgeoises ou aristocratiques est étroitement surveillé. Les soirées rallyes en témoignent. La transmission du nom et du patrimoine ne se fait encore que très rarement par

« mésalliance ». Les préoccupations religieuses occupant moins de place, les remariages devenant de plus en plus fréquents, les futurs époux s'intéressent davantage, selon les notaires, aux implications juridiques de leur union[1].

Alors, que faire ?

Là encore, il est important d'en parler. C'est le seul moyen de construire quelque chose de solide. L'argent reste un sujet de conflit pour près d'un couple sur deux, du fait de l'absence de dialogue et des non-dits ainsi créés. Dans un récent sondage, il a été démontré que seuls 20 % des couples déclarent avoir des conversations régulières à propos de leurs finances. « À l'heure actuelle, écrit le sociologue Claude Martin, on ne veut toujours pas reconnaître la place de l'argent quand on est en train de construire son couple[2]. » Alors, le « payer, c'est régner » domine et les rapports se dégradent. L'argent apparaît comme l'une des causes principales de discorde qui conduit au divorce, juste après l'infidélité.

On méconnaît encore trop le fait que l'argent a des fonctions affectives et symboliques qui dépassent la simple notion de satisfaction immédiate des besoins. Il représente un objet de sécurité et de « rassurance » et peut réaliser

---
1. *L'Express*, « Le Couple et l'argent », février 2002.
2. Claude MARTIN, *Les Enjeux politiques de la famille*, Bayard, 1998.

en ce sens le ciment d'une union durable. La preuve, à la lumière d'études récentes, notamment celle de Taylor Nelson (5 décembre 2000), il semble plus facile aux couples qui durent d'aborder le sujet sans déclencher de conflit. Une vie de couple parvient à s'installer dans la durée si les protagonistes, ayant perçu l'importance de la place qu'occupe l'argent dans leurs rapports, en parlent fréquemment et sereinement. Cette place est si prépondérante que l'argent en vient à cristalliser les tensions au moment des divorces. Il devient le moyen de « faire payer » à l'autre la responsabilité de l'échec.

Le sujet de l'argent, sans être au centre des préoccupations de votre couple, doit être régulièrement abordé. Que faisons-nous de l'argent gagné par l'un et l'autre ? Comment le dépense-t-on ? Chacun prélève sur son compte ou faut-il ouvrir un compte commun ? Comment doivent se répartir les dépenses ? Qui paie quoi et comment ? Que fait-on d'une subite rentrée d'argent à la suite d'un héritage ? Mieux vaut élaborer rapidement des règles de fonctionnement plutôt que de naviguer à vue ou de réagir comme si de rien n'était. L'argent est par trop l'investissement de confiance que chacun place en l'autre.

De même, ne vous voilez pas la face en cas de difficultés financières. N'évitez pas le sujet en pensant que les problèmes disparaîtront comme par magie, que tout s'arrangera bien un jour, qu'il n'est pas nécessaire de risquer une dispute pour cela. Un couple mature et soudé réagit en adulte et aborde de face les situations difficiles. Aucun problème d'argent ne s'est résolu tout seul. Ignorer, c'est accepter que les choses s'aggravent jusqu'à la catastrophe, qui entraîne dans bien des cas la rupture. Beaucoup d'unions ne résistent pas à des difficultés financières parce que les deux partenaires n'ont pas osé aborder à temps le sujet.

Compte joint ou comptes séparés ?

Le compte joint représente un témoignage de confiance. Il concrétise le désir du couple de réaliser ensemble la poursuite d'objectifs de vie partagés, comme l'éducation des enfants ou l'épanouissement et l'installation du foyer dans la durée. Il est un gage de la volonté mutuelle de partage. Partage des bons moments comme des aléas de la vie. Le compte joint est un territoire commun qui réalise la volonté du couple de vivre à deux.

Le fonctionnement apparemment idéal consiste à établir un compte joint tout en laissant à chacun la liberté de jouir d'une partie de ses revenus. Chacun dispose ainsi de la possibilité de gérer, en fonction de ses représentations de l'argent, un budget personnel. La cigale trouve son contentement en dépensant l'argent qui lui revient sans culpabiliser. La fourmi peut placer régulièrement l'argent qui lui appartient, à son propre rythme, se constituant ainsi le moyen de se rassurer, se sachant détentrice d'un petit magot salvateur en cas de coup dur. Cette façon de répartir les finances

Fred et Valérie, le nécessaire et le superflu

Valérie et Fred sont mariés depuis deux ans. Devant la fréquence de leurs disputes, ils ont décidé de venir consulter pour être aidés avant que le couple ne se disloque. Il est médecin, en début de carrière, mais dispose de revenus corrects ; elle est infirmière débutante et gagne plus modestement sa vie. Fred est d'origine paysanne et, par son éducation, il considère que « un sou, c'est un sou » et réprouve toute dépense inutile. Valérie est issue d'une famille bourgeoise de la ville et est habituée à ne pas se refuser le nécessaire ni un peu de superflu. Très vite, il apparaît que la majeure partie de leurs querelles trouve sa source dans leurs dissensions quant à la manière d'utiliser l'argent du ménage. Ils ont tous les deux un compte bancaire et se répartissent les charges de la maison. Fred, réaliste, sait qu'en rapportant le salaire le plus important il doit assumer une part plus importante des dépenses de fonctionnement : loyer, EDF, impôts, grosses factures... Il est d'ailleurs dans ses conceptions que l'homme entretienne le foyer. Ils ont décidé que Valérie assurerait les dépenses de nourriture et de vêtements pour leur unique enfant. Faisant régulièrement les courses, Valérie se laisse bien entendu tenter par des achats considérés par Fred comme superflus. Ces dépenses sont souvent à l'origine de leurs disputes.

C'est ainsi que nous avons pensé ensemble à une solution. Chacun déposera sur un compte joint deux tiers de ses revenus. Ce compte joint servira à financer les besoins liés au fonctionnement de la maison : loyer, nourriture... Valérie et Fred géreront à leur guise le tiers restant sur leurs comptes respectifs. Fred, économe et prévoyant, s'est depuis lancé avec passion dans les placements boursiers et Valérie est heureuse de dépenser pour ses petits plaisirs sans se culpabiliser.

familiales permet de pallier des conceptions de l'argent différentes ou opposées.

En cas de revenus uniques, si l'un des deux seulement travaille, rien n'empêche d'instaurer ce système, si la quantité d'argent gagnée le permet. Il n'est pas nécessaire que les sommes mises à disposition de chacun soient importantes. L'essentiel est de ressentir, même par de modestes dépenses, l'impression de liberté qui s'en dégage et la possibilité d'entretenir avec l'argent un rapport correspondant aux conceptions que nous en avons en raison, le plus souvent, de notre éducation.

N'attendez pas les problèmes pour parler de l'argent entre vous. Par crainte du conflit, ce sujet est souvent évité pour n'être abordé que lorsque la situation est devenue catastrophique. Dans un couple, on peut tout se dire, tout dépend de la manière de le faire. Si votre conjoint vous paraît avoir des comportements incohérents avec l'argent, efforcez-vous de dialoguer avec lui sans adopter un ton de reproche ou de réprimande. Il se mettrait alors sur la défensive et la discussion tournerait à l'affrontement. Une communication efficace repose sur un principe simple : parlez de vous, de vos sentiments et de vos émotions calmement, sans accuser. Cette attitude évite de placer l'interlocuteur sur la défensive et l'amène à vous écouter plus facilement.

À la lumière de ce qui précède, recherchez ensemble le modèle qui définit le mieux votre fonctionnement face à l'argent. Vous parviendrez plus facilement à adopter des comportements plus cohérents. Si les problèmes frôlent la pathologie, n'hésitez pas à consulter. Rencontrer un « psy » est souvent une aide efficace.

Comme le sexe, l'argent est un sujet sensible, tabou. Il est même plus facile pour certains de parler sexualité plutôt que finance. Mais l'argent du couple objective en partie l'investissement affectif de ses partenaires. Alors ne négligez pas la question. Parler, c'est se comprendre et s'aider mutuellement.

IV

POURQUOI DÉPENSONS-NOUS NOTRE ARGENT ?

La réponse paraît évidente : nous dépensons pour vivre. Il y a les achats utilitaires qui assurent notre survie : alimentation, vêtements, logements... Ils répondent aux besoins de l'existence. Nous achetons aussi par plaisir. Nous succombons à la tentation omniprésente entretenue par la publicité, qui exerce sur nous, pauvres consommateurs, une pression permanente. Même nos achats de première nécessité sont influencés par elle. Nos désirs, nos sensations de manque, nos tentations sont excités par les messages publicitaires. Difficile d'y résister, impossible d'y échapper, à moins de vivre en plein milieu du désert, sans radio, sans télévision. Quoique ! Un de mes amis m'a raconté être tombé sur un panneau vantant un apéritif en plein Sahara !

Entre obligation et plaisir

Offrir des cadeaux à soi et aux autres reste un des plaisirs de la vie. C'est une manière de penser aux autres et à soi-même. L'argent doit être associé au plaisir et au partage. Les relations sociales sont ainsi entretenues. La publicité transforme nos plaisirs en besoins et nos besoins en manques que seul l'achat irrépressible vient combler. Nous vivons dans un monde de désirs entretenus, conditionnés par les messages publicitaires. Il suffit que vous fassiez vos courses en grande surface en compagnie de vos enfants pour vous en rendre compte. Selon le sociologue Jean Baudrillard, « notre société est devenue un système des objets, qui emprisonne l'homme dans le ludique de la consommation[1] ».

Consommer est un acte ludique, axé sur la recherche de la nouveauté et la frénésie d'acheter pour répondre à des besoins devenus manques. Nous sommes constamment pilonnés, harcelés par la pub, à la radio, la télévision, jusque dans nos boîtes aux lettres. Nos univers sonores et visuels sont colonisés. Nous sommes happés par l'attrait de la découverte d'un nouvel objet. Nous sommes contraints à rechercher l'insolite, l'exotique qui fera notre bonheur.

En conséquence, acheter devient un conditionnement, un acte imposé. Le plaisir n'est plus vraiment au rendez-vous. La pression de la conformité nous pousse le samedi après-midi dans les rues des grandes villes, pour faire comme tout le monde, même si l'envie n'est pas là. Pour exister, je consomme. Pour la

---

1. Jean BAUDRILLARD, *Le Système des objets*, « Tel », Gallimard, 1998.

majorité de nos contemporains, acheter est devenu un loisir impérieux, un acte robotisé et compulsif. La possession tuant le désir, il est appelé à se répéter sans fin. Ce qui reste, en vertu de l'hégémonie de la publicité, c'est l'excitation qui accompagne la décision d'acheter. Elle monte durant la préparation de l'achat et persiste jusqu'à la décision et au moment de la dépense, puis s'estompe rapidement, jusqu'à la nouvelle tentation. La recherche de cette excitation explique en partie la répétition de nos comportements d'achats. Chez certains, cela peut même évoluer vers une dépendance à l'argent.

Acheter revêt un aspect compensateur. Une frustration au travail et nous traînons notre désarroi dans les boutiques, à la recherche de l'objet qui nous aidera fugacement à oublier nos déboires. La dépense est une douceur, un baume. Elle peut être utilisée comme un remède lorsque le malaise existentiel est plus intense. Le risque d'une bascule vers un comportement d'acheteur compulsif est alors possible.

Acheter pour une identité

Les exclus de notre société de grande consommation sont laissés sur le bord de la route. Les chômeurs, SDF, sans-papiers et autres miséreux sont facilement méprisés, ne font plus partie de notre monde. Moins pour affirmer notre appartenance à la tribu des consommateurs que pour nous sentir investis d'une réelle identité, nous affichons notre pouvoir de consommer. Si je peux acheter, je suis investi de l'identité de « monsieur ou madame tout le monde », consommateur et citoyen. J'existe aux yeux de mes contemporains. Comme me voilà rassuré ! Acheter est devenu une activité identitaire : « J'achète, donc je suis. »

Paradoxalement, l'homme tend à disparaître derrière cette mécanique de la consommation. La relation humaine n'est plus au premier plan dans ce mode de vie fondé sur les achats. Un grand nombre de personnes occupent leurs loisirs à déambuler dans les grandes surfaces, lieux anonymes qui ne favorisent pas vraiment les rencontres. D'autres se livrent sur le Net à des achats à distance, pourtant privés du contact acheteur-vendeur. Les sites Internet sont vécus comme des cavernes d'Ali Baba où tous les désirs peuvent être immédiatement assouvis, loin des regards évaluateurs. La vente par correspondance ne cesse d'augmenter dans les villes, qui pourtant regorgent de commerces. Il suffit en effet de se montrer capable d'acheter. Le contact humain avec le commerçant n'est plus nécessaire, seul compte que, aux yeux de l'autre, nous nous définissions comme un consommateur afin qu'il nous accepte.

Acheter pour se positionner face aux autres

Dans cette frénésie de consommation, où le plaisir tient une place prépondérante, on n'achète pas n'importe quoi. Il faut montrer. Si dépenser me donne une place parmi les autres, il est nécessaire que je me donne de l'importance. Les gros achats – voiture, maison, tenues vestimentaires – sont destinés à me procurer de la prestance, à afficher ma position dans la hiérarchie des classes sociales. L'argent pouvoir est ici en jeu. Les gens aisés font partie de ce qui est communément appelé la classe dominante. Une bonne partie de la population dépense son argent dans ce sens. Le film d'Étienne Chatilliez, *La vie est un long fleuve tranquille,* est une excellente illustration de cette utilisation de l'argent. Les Groseille, enrichis par l'argent soutiré aux Duquesnoy, se précipitent dans les achats de luxe pour afficher au voisinage leur nouvelle domination. Nantis, ils quittent leur monde, celui des pauvres, que dorénavant ils toisent, méprisants. C'est le pouvoir de l'argent à discriminer les êtres humains qui est ici recherché.

Le modèle de ma voiture va me situer dans la hiérarchie sociale. Il en est de même de ma maison ou de mon appartement et du quartier dans lequel j'habite. Là encore, la publicité entretient ce mécanisme en insistant dans ses messages sur le côté « puissance » qu'est susceptible de procurer l'objet vanté. Les spots publicitaires sur l'automobile en sont un exemple évident.

Dittmar, Beattie et Friese, en 1995, n'hésitent pas à parler d'extension de l'image sociale générée par l'achat des objets[1]. Il existe une

---

1. H. DITTMAR, J. BEATTIE et S. FRIESE, *Journal of Economic Psychology,* n° 16, 1995.

valeur symbolique et idéalisée associée à la possession d'un objet que nous tentons d'accaparer. Réfléchissez à ce que peut représenter pour un individu avide de réussir le fait de se montrer au volant d'un bolide comme une Ferrari. Selon ces auteurs, les femmes seraient plus sensibles à cette valeur symbolique des objets que les hommes, qui restent plus pragmatiques et plus centrés sur le côté utilitaire.

Chez les adolescents, mais aussi chez les adultes, l'achat peut avoir valeur d'identification. Se vêtir comme une vedette de la chanson, un sportif, une star du cinéma, c'est chercher à leur ressembler, à s'investir de ce qui suscite notre admiration. Les professionnels de la mode, des parfums et des cosmétiques l'ont bien compris : « J'achète tel produit, parce que je le vaux bien. » Plus la perception de soi sera incertaine ou négative et plus ce phénomène sera prégnant. Dépenser revient à s'approprier une image idéalisée pour compenser une représentation de soi défaillante. La publicité s'est depuis longtemps emparée de ces mécanismes d'identification qui font la fortune d'un grand nombre de personnalités.

Acheter pour exprimer notre affection

L'argent ne sert pas seulement aux échanges sociaux, il est aussi le vecteur de notre attachement aux personnes. Tout homme qui désire conquérir une femme lui offre des fleurs, l'invite au restaurant, l'emmène en week-end...

POURQUOI DÉPENSONS-NOUS NOTRE ARGENT ?

Selon un sondage Ifop de septembre 2002 réalisé pour un groupe bancaire, la majorité des Français considère que la séduction est une affaire d'argent. Les capacités financières d'un individu seraient un atout majeur de séduction. Nous vivons bien dans une société de consommation !

Exprimer son affection au travers d'un cadeau est une chose banale. « Peu importe le présent, ce qui compte c'est le geste », nous dit un adage populaire. Reste que beaucoup monnayent leur attachement. Ils recherchent des objets de prix ou jugent des sentiments de l'autre au travers de la valeur de ses dépenses.

Lorsque exprimer ses émotions, ses affects est difficile, l'argent vient remplacer les mots. Pendant des siècles, des systèmes d'éducation reposant sur un interdit de l'expression des émotions ont sévi. En Angleterre, le *« never complain, never explain »* reste un adage d'actualité, en France, il représente un modus vivendi inconscient pour bon nombre de familles. Celles-ci le vivent au quotidien dans le non-dit. Les parents ayant vécu leur enfance sous cette contrainte se sentent démunis et incapables d'exprimer leur amour à leurs propres enfants. Ils tombent souvent dans le piège de payer pour remplacer la parole. Ce comportement ne se limite pas aux enfants, leur relation aux autres en est imprégnée.

Privilégier l'argent comme mode d'expression de l'amour porté aux siens est un principe d'éducation préjudiciable. Il fabrique des adultes ne supportant aucune frustration et orientés vers la satisfaction immédiate. Ils deviennent des êtres en permanence insatisfaits qui combleront leur manque par une dépendance à l'argent.

Quels acheteurs ?

Nous dépensons notre argent pour répondre à nos besoins. Ce qui n'empêche pas les petites folies, les caprices. Notre façon d'acheter nous correspond. On peut repérer l'acheteur « monsieur tout le monde » qui cède à des envies tout en contrôlant son budget. Il peut connaître des difficultés financières qui restent passagères et dans les limites du raisonnable.

Il y a l'acheteur par nécessité, le radin, qui se contente du nécessaire. Dépenser n'est pas pour lui un plaisir mais un devoir douloureux. Il supporte mal de voir l'argent lui filer entre les doigts.

Il y a celui ou celle qui trouve dans la dépense de son argent une compensation à un malaise existentiel : angoisse, déprime, déception. L'objet acquis représente un baume, une douceur. Cet acheteur s'implique dans son achat, dans la rencontre avec le vendeur, l'ambiance des commerces, et exprime une attache affective pour le fruit de ses dépenses. Il s'attache émotionnellement aux choses, se souvient avec nostalgie du moment de l'achat. Il rentre rarement de villégiature les mains vides. Il se charge de souvenirs.

Il y a ceux qui se sentent envahis par une pulsion soudaine face à un objet et qui ne peuvent résister. Ils vivent ensuite dans la culpabilité, regrettant leur lubie et les déboires dans lesquels elle les a plongés. Cette impulsivité à l'achat témoigne d'un déséquilibre psychique.

Il y a l'acheteur monomaniaque, obsédé par un objet qu'il cherche à accumuler en grande quantité. C'est le cas des accros aux vêtements ou aux chaussures. Ils veillent à stocker leurs achats dans les meilleures conditions possibles, un peu comme le collectionneur. Il s'agit davantage d'entasser que de collectionner. Le collectionneur est à la recherche de l'objet idéal, clou de sa collection. L'acheteur accumulateur est attaché à chaque pièce acquise. Il est plus du côté du fétichiste.

Il y a le dépensier compulsif, incapable de se contrôler. Il n'accorde pas de valeur aux objets et se débarrasse généralement de ce qu'il achète. Son besoin d'acheter le rend dépendant à l'argent.

Au travers de nos comportements d'acheteurs s'expriment des mécanismes psychologiques normatifs ou non liés au fonctionnement de notre personnalité. La dépendance à l'argent est susceptible de déclencher des comportements pathologiques.

V

LA DÉPENDANCE À L'ARGENT

Tout comme avec l'alcool, les drogues, le tabac, les médicaments, la nourriture, le sexe, le jeu ou le travail, vous pouvez être victime d'une dépendance à l'argent. Celle-ci s'exprimera au travers de comportements tels que l'avarice, la dépense compulsive, une existence centrée sur l'argent.

Il ne faut pas confondre la dépendance et l'attrait, la passion ou la lubie. À l'inverse de la passion, la dépendance implique une durée dans le temps. C'est un phénomène qui s'installe durablement, souvent pour toute une existence, qui s'amplifie au fur et à mesure et finit par dominer le psychisme. Il ne s'agit pas d'une envie soudaine et passagère, d'un caprice, ni d'un élan passionnel transitoire. La dépendance implique une préoccupation de tous les instants. Le dépensier compulsif ne pense qu'à acheter, l'avare à compter et rien ne les détourne de ces conduites excessives. De même que l'alcoolique organise ses journées autour de la consommation de l'alcool, le dépendant à l'argent ne vit que pour en amasser ou en dépenser.

Une définition de la dépendance

Ce n'est que très récemment que la psychologie et la psychiatrie ont tenté de donner une réelle définition de la dépendance. Durant les années 70, l'Organisation mondiale de la santé a organisé un groupe de travail sur le thème des dépendances, dirigé par un psychiatre, Griffith Edwards[1]. Son équipe d'experts et lui ont avancé une définition de la dépendance fondée sur la description des différents symptômes la constituant, à savoir une obligation comportementale, un désir obsédant, une perte de contrôle face à l'utilisation ou la consommation de l'objet de la dépendance accompagnée d'un mécanisme de désinhibition, des signes de sevrage et une tolérance.

Le comportement imposé et le désir impérieux et obsédant définissent la contrainte exercée par l'objet de la dépendance sur l'individu. La vie de celui-ci est envahie par des habitudes, des conduites contraignantes auxquelles il ne peut échapper. Il est incapable de résister à des achats ou au maniement de l'argent, mais au plaisir initialement procuré se substitue rapidement le besoin. Ce qui suscitait à l'origine du plaisir se transforme en une obligation contraignante. Le maniement de l'argent, la dépense par exemple s'impose dans l'immédiat, le sujet ne peut attendre.

---

1. Griffith EDWARDS, *Problems and Dependance*, Oxford Medical Publications, 1992.

> **« Je ne pense qu'à ça »**
>
> « Je deviens quelqu'un d'autre, quelqu'un de fou, je dois vite trouver le moyen d'acheter quelque chose, souvent n'importe quoi, me dit Antoine, dépensier compulsif. Si quelque chose s'y oppose, la rencontre d'un ami dans le magasin, par exemple, ou ma compagne qui tente de me raisonner, je crois que je pourrais devenir agressif, même violent... Vous comprenez, dans la journée, au travail, je n'ai pensé qu'à ça, alors... À la sortie du bureau, mes collègues doivent me prendre pour un dingue. Ils me voient partir en courant comme un dératé, ils ne comprennent pas. »

Lorsque la dépendance est importante, les comportements déviants se répètent et toute la vie de la personne est organisée autour de ces derniers. Le côté excessif ne peut alors plus échapper à l'entourage. La consommation de l'argent dépasse ce qui correspondrait à la norme. Nous verrons dans le chapitre sur les dépensiers compulsifs où tout cela peut aller.

Le sujet dépendant est sans cesse assailli par le désir. La dépendance à l'argent rend constamment présent le désir d'acheter, de spéculer ou de compter, comme l'alcoolique qui est obsédé par l'envie de boire, le joueur de jouer, le toxicomane de fumer ou de se shooter. Il semble que tous recherchent les sensations de la première fois, ce qu'en psychologie on dénomme les effets initiaux du produit. Ce vécu, cette excitation intense des premières fois, le sujet dépendant rêve de les connaître à nouveau et il ne peut que succomber à la tentation. Le dépendant est dominé par l'objet de sa dépendance et perd son autonomie. Tel l'oncle Picsou ou le personnage de Louis de Funès dans *La Folie des grandeurs*, le dépendant à l'argent subit l'obligation de comportements relatifs à la nature de sa dépendance – dépense, avarice, spéculation, folie du gain – et est habité par des désirs obsédants centrés sur l'argent.

La perte de contrôle est un autre symptôme de la définition de Griffith Edwards. Tout contact avec l'objet de la dépendance entraîne une perte de contrôle. Le dépensier compulsif dépense jusqu'au dernier centime et bien au-delà. Il se met en grand danger sur le plan financier, mais il est incapable de se maîtriser. Le joueur pathologique ne se maîtrise plus en situation.

On en revient au phénomène de retour vers les effets initiaux de la substance. Le souvenir des premières sensations de plaisir suscite

---

Un instant de plaisir

« C'est à chaque fois tellement bon, raconte Laurence, il m'est impossible de résister à la tentation. Je me dirige vers la caisse, je sais que je fais une énorme bêtise, que mon compte est dans le rouge clignotant et, pourtant, c'est si bon que je profite au maximum de cet instant de plaisir, de bonheur et tant pis pour après, les remontrances de mon mari, le savon de mon banquier. Je suis tellement bien, j'éprouve tellement de plaisir que, à ce moment-là, je me dis que ça vaut le coup, que les soucis, à côté, ce n'est rien. »

chez le sujet dépendant une euphorie, une excitation qui lui font perdre tout sens de la mesure. Les dépensiers compulsifs expliquent bien ces sentiments de surexcitation éprouvés au moment de payer.

La plupart des sujets rencontrés dans le cadre d'une thérapie pour une dépendance à l'argent font le récit de leurs incartades en utilisant des termes qu'emploieraient des personnes alcooliques. Ils parlent d'ivresse ou de griserie, de sensation de vertige au moment de payer ou de jouer. Et, de même que pour l'alcool, ils finissent par « consommer » seuls, en se cachant avec la honte et la culpabilité d'un plaisir interdit.

Pourtant, bien souvent, le sujet dépendant n'éprouve pas vraiment du plaisir. Il se place surtout dans une situation d'espoir de plaisir. Il espère qu'en reproduisant des comportements en rapport avec sa dépendance il revivra la même excitation, la même intensité de plaisir. Intervient ici la mémoire émotionnelle. Le souvenir des émotions positives pousse l'individu à consommer, dépenser, jouer, amasser. Ce mécanisme est intense et bouscule les facultés de raisonnement.

À cela s'ajoutent des paramètres biologiques. Les achats compulsifs, le jeu, le contact avec l'argent provoquent la sécrétion par le cerveau de substances comparables à certaines drogues, des endorphines, dans une zone cérébrale dénommée zone de récompense. Ce processus a été décrit par des neurobiologistes et se produit lors des rapports sexuels, expliquant ainsi les mécanismes du plaisir. Les accros au jogging connaissent bien les effets des endorphines qui font disparaître les douleurs ressenties dans les premiers kilomètres. Il en est de même pour les fumeurs. La nicotine agit très rapidement sur les centres cérébraux du plaisir, ce qui participe grandement à l'installation de la dépendance biologique. Tout sujet dépendant est victime de ce phénomène biochimique lorsqu'il est confronté à l'objet de son désir. Il est aisé de comprendre l'euphorie ressentie et la perte de contrôle qui l'accompagne.

Une tolérance et un malaise dû au sevrage sont les derniers signes de la présence d'une dépendance. Les dépendants à l'argent ressentent un malaise psychique et physique lorsqu'ils ne peuvent assouvir leur besoin, par choix ou par contrainte. Toute nouvelle dépense fait immédiatement disparaître ce malaise chez le dépensier compulsif, comme la consommation du verre de vin chez l'alcoolique.

Une fois cette expérience vécue s'instaure chez la personne dépendante la peur du manque. Pour ne pas ressentir les effets négatifs du malaise antérieurement éprouvé, les comportements sont répétés parfois même de façon contraignante. Le remède au mal devient le mal lui-même.

En manque de dépenses

René est nerveux. Il a mal dormi et a les traits tirés. Son regard est embrumé, les yeux sont rouges et larmoyants. René ne va pas bien. Il se tord les mains et ne cesse de remuer sur sa chaise. Il est venu parce que sa situation est critique. René a beaucoup dépensé ces derniers mois, énormément dépensé, bien au-delà de ses ressources. Alors, il a emprunté, trop emprunté et sa banque vient de l'avertir, elle ne le suit plus. Il n'a plus un centime et, privé de son chéquier et de ses cartes de crédit, ne peut retirer de liquide au distributeur. La cinquantaine, chirurgien dentiste, René n'est pas sot et il connaît l'argent. Il a manié des sommes importantes dans sa vie. Mais il n'a jamais vraiment été riche. René est un flambeur, un dépensier compulsif, un vrai. Trois divorces, qui lui coûtent beaucoup d'argent, sont là pour en témoigner.

René n'a jamais supporté la moindre restriction ou frustration sur le plan financier. Aujourd'hui pourtant, la situation est catastrophique. Il a décidé de réagir depuis quelques jours. Ce qui le stresse, ce ne sont pas les sommes à trouver pour se sortir du rouge, non, c'est le manque. René est en manque de dépenses. Il est obsédé jour et nuit par ce désir intense d'acheter, tout et n'importe quoi, comme avant. Il se sent mal, intensément fatigué, envahi de douleurs dans le dos, il a une barre dans le ventre. Il tremble, a chaud et froid, ne sait plus où se mettre ni à quoi s'occuper. Il se sent incapable de travailler. Son agitation ne cesse de croître au fur et à mesure qu'il me raconte ses déboires.

« Je suis tellement mal que… vous savez ce que j'ai fait ? Je deviens complètement fou ! Vous n'allez pas me croire. En sortant de chez moi, ce matin, j'ai failli demander une pièce au voisin que j'ai croisé sur mon palier. Histoire d'aller acheter un paquet de clopes, un journal, n'importe quoi. J'étais sûr que ça me soulagerait. »

Face à l'importance de ce malaise, il a fallu mettre René sous traitement à base de sédatifs, comme un patient alcoolique ou toxicomane en sevrage. René aurait été incapable d'être suffisamment disponible pour entreprendre la thérapie. D'ailleurs, les réactions au sevrage de René diffèrent-elles tant que cela de celles d'un alcoolique ou d'un toxicomane dans la même situation ? Encore une fois, les mots employés sont identiques, le ressenti similaire.

La plupart des personnes dépendantes souffrent d'anxiété. Elles présentent des traits de personnalité anxieux, que les comportements de dépendance amenuisent mais que le sevrage exacerbe.
Lorsqu'un malaise tel que celui de René est ressenti par un sujet dépendant à l'argent, la peur du manque va paraître. Par volonté de ne pas en connaître de nouveau les affres, les effets négatifs physiques et psychiques qu'il engendre, les dépendants à l'argent vont tout faire pour que leurs comportements déviants ne soient pas interrompus. Certains deviennent de véritables phobiques du manque d'argent. Leur vie se passe à anticiper de manière à ne jamais se trouver en défaut d'argent. Plus les comportements se rapprocheront d'une consommation excessive, plus cette angoisse du manque se fera sentir. Il est facile de comprendre qu'une personne dépendante à l'argent par simple préoccupation – information permanente de l'état de son compte bancaire, connaissance des meilleurs placements... – sera moins « accro » qu'un dépensier compulsif.

Quand un comportement de consommation provoqué par un désir obsédant et par un sentiment d'obligation est empêché, s'ensuit l'apparition des troubles en rapport avec le sevrage et se crée la peur du manque. Le sujet en vient alors à se persuader qu'il ne réussira jamais à se débarrasser de sa dépendance et que l'objet de celle-ci est le seul remède au malaise redouté. C'est le processus du serpent qui se mord la queue. La dépendance s'autoalimente et se pérennise. Sans aide extérieure, le sujet dépendant est incapable de se prendre en charge et de guérir.

La théorie psychanalytique de la dépendance

Pour les psychanalystes, les comportements de dépendance s'installent en réponse au besoin d'apaiser des tensions. Dès la naissance, notre organisme est soumis à des malaises engendrant des tensions internes, telles que la faim, la soif, une souffrance causée par une mauvaise position dans le berceau... La vie psychique va se développer à partir des ressentis émotionnels créés par l'alternance de phases de tension ou d'insatisfaction et d'apaisement ou de satisfaction des besoins.

La théorie psychanalytique avancée par Freud repose sur une sexualité infantile organisée sur ce mode : « besoin – déplaisir/satisfaction – plaisir[1] ».

---

1. Sigmund FREUD, *Abrégé de psychanalyse*, « Bibliothèque de psychanalyse », PUF, 2000.

Pensez au nourrisson repu qui s'endort, apaisé, un sourire d'ange aux lèvres, dans les bras de sa maman. Pour Freud, notre fonctionnement psychique est gouverné par un principe de plaisir, qui tend à pousser les individus à obtenir une satisfaction immédiate des désirs, auquel s'oppose un principe de réalité qui nous rappelle que tout ne peut être satisfait, des règles, des lois établissent des restrictions ou des interdictions.

Otto Fenichel, disciple de Freud émigré aux États-Unis, a étudié les phénomènes de dépendance sous l'angle psychanalytique[1]. Il a donné une description de ce qu'il a dénommé « la névrose impulsive » (ou « névrose d'impulsion »), qui rend compte du caractère urgent et immédiat des besoins ressentis par les sujets dépendants. Il estime que ces derniers, incapables de résister aux tensions, agissent sans réfléchir dans le but d'en éliminer les effets négatifs. Toute tension est vécue par eux comme un danger, une menace. Il leur faut alors se débarrasser au plus vite du malaise ressenti. Il ne s'agit plus pour eux de rechercher le plaisir, mais l'évitement du déplaisir.

Tout comme le nouveau-né, incapable de mentaliser et donc de différer la satisfaction des besoins, les sujets dépendants sont dans le refus permanent du manque. Ils sont restés à un stade précoce de leur développement psychologique. Pour Fenichel, ce stade est celui de l'oralité, période où l'alimentation est la source élective des plaisirs possibles. C'est pourquoi

---

[1]. Otto FENICHEL, *La Théorie psychanalytique des névroses*, « Bibliothèque de psychanalyse », PUF, 1987.

on parle fréquemment d'oralité pour donner à comprendre les conduites de dépendance des sujets alcooliques, tabagiques ou toxicomanes.

La psychanalyse insiste par ailleurs sur la notion de surexcitation accompagnant l'émission des comportements de dépendance. Le dépensier compulsif, par exemple, ressent un mélange de sensations agréables et désagréables. Le dépensier agit en réponse à une tension qu'il ne peut ressentir par ailleurs. Le fait de satisfaire le besoin participe à éliminer cette tension. Mais un certain plaisir est éprouvé par la présence même de cette tension. Ainsi, le sujet dépendant est en recherche permanente de l'état de tension suscité par le désir.

La culpabilité, le frisson émotionnel provoqué par la prise de conscience d'une transgression, acheter alors que le compte est à découvert, participeraient au plaisir. La sanction viendra immanquablement, le dépensier, le joueur, l'accro aux crédits le savent. C'est, pour les psychanalystes, l'excitation de cette attente qui installe en partie la dépendance.

Tout le monde n'éprouve pas ce type de sensations et par conséquent ne devient pas dépendant. En psychanalyse, la présence de conflits psychiques particuliers explique le développement des comportements de dépendance. La dépendance est considérée comme une structure névrotique (Fenichel parle de névrose impulsive).

Freud considérait les phénomènes de dépendance comme une non-résolution de conflits anciens conduisant à une fixation à un niveau archaïque du développement de la personnalité. Pour lui, différents stades jalonnent la genèse de la personnalité. Ces stades représentent des périodes d'investissement de l'énergie sexuelle, ou libido, sur différentes parties du corps, ou zones érogènes, successivement : la bouche et la peau, la zone anale, les parties génitales. Une fixation au stade oral détermine des comportements du type « requin de la finance », axés sur la nécessité de réaliser des gains d'argent, de faire du business. On retrouve ici ces hommes d'affaires très actifs qui vivent chaque marché possible comme un défi, un challenge à remporter. Il en est de même pour les dépensiers compulsifs qui vivent avec, nous l'avons vu, le besoin d'apaiser des tensions par le plaisir d'acheter. Une prévalence du stade anal détermine davantage des dépendances à l'argent tournées vers la rétention, l'avarice et la radinerie.

Les théories cognitives[1]

En psychologie cognitive, on parle d'addictions pour désigner les conduites de dépendance. Ce mot est issu du latin et désignait la contrainte par corps d'une personne, c'est-à-dire la mise à disposition d'un créancier de celui qui ne pouvait s'acquitter de sa dette. Ce terme rend ainsi compte du niveau de pression

---

1. De cognition : ce qui a trait aux événements psychiques, émotions, images mentales…

et d'enfermement dans lequel le sujet se place face à l'objet de sa dépendance.

Des conceptions ou des représentations erronées de l'objet de l'addiction sont à la base de la construction de la dépendance. En psychologie cognitive, on parle de distorsions pour désigner ces fausses cognitions qui entraînent de mauvais raisonnements, eux-mêmes dénommés distorsions cognitives. Par exemple : « Sans alcool, je ne vais pas réussir telle ou telle tâche difficile... » Ces distorsions amènent à la création de croyances irrationnelles : « Avec beaucoup d'argent, je suis quelqu'un. Je saurais vivre sans dépenser. Je suis incapable de gérer mon budget sans connaître de découvert... »

Dans les années 80, deux psychologues américains, Marlatt[1] et Gordon, ont contribué à développer l'approche cognitive des phénomènes de dépendance en étudiant les mécanismes de la rechute chez des sujets alcooliques. Leurs travaux ont permis de dégager un ensemble de processus qui expliquent l'établissement des dépendances.

Les recherches portant sur d'éventuels facteurs de personnalité prédictifs de la rechute ont révélé, outre des traits de personnalité passive et dépendante, des tendances anxieuses et dépressives présentes chez la majeure partie des sujets souffrant d'addiction. La consommation de

---

1. G. A. MARLATT et J. S. BAER, « Addictive Behaviors : Etiology and Treatment », *Ann Rev Psychol*, 1988, 39, p. 223-252.

l'objet de l'addiction jouerait un rôle anxiolytique et apaisant. Nous connaissons tous l'effet désinhibiteur d'une prise d'alcool à faible dose (à haute dose, l'effet sédatif est dans la plupart des cas assez puissant), ou le calme retrouvé après une cigarette. Interviennent ici des mécanismes décrits plus haut. À l'éventuel plaisir se surajoute la recherche des effets initiaux de la première prise du produit ou du premier comportement consommatoire tel qu'une dépense excessive.

D'autre part, les addictions apparaissent chez des sujets souffrant d'une basse estime de soi. Peu ou pas valorisés, ils vont rechercher dans la répétition des comportements abusifs la désinhibition et un certain plaisir à se retrouver forts et affirmés face aux autres. La plupart des études portant sur l'alcoolisme ou les dépenses compulsives mettent en avant ce manque d'assertivité – l'assertivité correspond à l'affirmation de soi ou la capacité à prendre sa place parmi les autres sans agressivité ni inhibition. Ce défaut d'assertivité présent chez les individus aux conduites addictives a conduit à instaurer, dans les prises en charge en thérapie, des séances individuelles ou de groupe visant à l'apprentissage des habiletés sociales : savoir refuser, demander, répondre aux critiques... Les dépendants à l'argent n'ont qu'une piètre opinion d'eux-mêmes. Acheter, nous le verrons, leur donne illusoirement l'impression d'être quelqu'un, de compter aux yeux d'au moins une personne, le vendeur. Les obsédés de l'argent ont une image complètement erronée de leur valeur. Ils en viennent ainsi à percevoir les crédits abusifs que certains organismes leur accordent comme des récompenses, des gratifications, et ils se répandent en paroles et en gestes de gratitude envers des usuriers qui prêtent à des taux exorbitants.

Autre caractéristique de l'addiction, elle place le sujet dans la dissonance. Tout fumeur sait qu'il ruine sa santé avec le tabac, et pourtant il continue. Les programmes d'arrêt du tabac reposant uniquement sur la prise de conscience des risques encourus n'ont que peu d'effet sur les consommateurs. Il en est de même dans la dépendance à l'argent. Le dépensier compulsif n'ignore pas que son découvert à la banque va s'amplifier, mais cela ne le rend pas pour autant raisonnable.

Enfin, ce qui aux yeux de Marlatt renforce l'addiction, c'est la rechute. Le sujet sevré, ou considéré comme tel, reste psychologiquement en dépendance. La moindre reprise des comportements abusifs le persuade en quelque sorte de son incapacité à se débarrasser de son vice. Alors, il s'abandonne à la recherche, souvent illusoire, des effets initiaux du produit. « Puisque j'ai replongé et que je n'ai pas réussi à m'empêcher de dépenser mon argent, c'est que je suis incapable de m'arrêter, autant continuer, me laisser aller... »

Les recherches sur les mécanismes de la rechute ont permis d'isoler la présence, dans la vie quotidienne des sujets dépendants, de situations dites à haut risque qui placent l'individu dans l'impossibilité de répondre au malaise rencontré autrement qu'en reproduisant les comportements déviants. Une dispute avec le conjoint et la sensation de ne pas pouvoir agir en retour, d'être incapable de résoudre le conflit, vont amener le dépensier à fuir et à se mettre à dépenser par compensation. Après une cure de sevrage ou une thérapie, les conséquences peuvent se révéler désastreuses. Le cercle infernal de la consommation reprend, la personne repart dans les mécanismes de l'addiction. Le sentiment d'autoefficacité dans la lutte contre l'addiction est mis à mal. Le sujet finit par se croire incompétent et inefficient pour établir une abstinence, et il renonce, se résigne à subir sa dépendance.

Tous ces mécanismes seront illustrés dans les chapitres suivants qui traitent de la façon de se débarrasser d'une addiction à l'argent. Les thérapies cognitives proposent des protocoles de prise en charge des sujets addictifs très opérants et axés sur une participation active tant du thérapeute que du patient. Actuellement, bon nombre de centres de traitement des addictions ont mis en place des programmes de cure fondés sur l'approche cognitive.

Êtes-vous accro à l'argent ?

Ce questionnaire vous permettra de déterminer votre éventuelle dépendance à l'argent. Il comporte cinquante-quatre propositions. Répondez par oui ou par non, selon qu'elles vous correspondent ou non. Soyez sincères. Pour y parvenir, ne réfléchissez pas trop. Répondez de la manière la plus spontanée possible.

1. Je ne peux m'empêcher de vérifier plusieurs fois par semaine l'état de mon compte.
2. Même si je sais avoir suffisamment d'argent, il m'est difficile d'en donner.
3. Je place l'argent au centre de mes préoccupations, j'y pense souvent, j'en parle fréquemment.
4. Je ne peux garder sur mon compte l'argent qui me reste, une fois mes charges et mes factures payées.
5. Il m'arrive d'être envahi(e) par l'idée d'acheter, au point d'en être parasité(e) dans mon travail.
6. Mon estime personnelle dépend de la somme d'argent dont je dispose sur le moment.
7. Il m'arrive fréquemment de me débarrasser des objets que j'ai achetés ou de ne pas les utiliser.
8. Après avoir fait un don d'argent, je suis obsédé(e) par ce geste, au point de regretter de l'avoir fait.
9. Je calcule tout, je ne supporte pas l'idée d'être incapable de placer de l'argent sur un compte d'épargne par exemple.
10. Un sentiment de honte et de culpabilité m'envahit souvent après un achat.
11. Je suis obsédé(e) par l'idée d'économiser.

12. L'argent est une condition *sine qua non* du bonheur.
13. L'argent est le seul moyen de prouver aux autres notre valeur.
14. Si de l'argent traîne sur un meuble, je ne peux m'empêcher de le ramasser.
15. La moindre dépense me fait peur.
16. Lorsque je rencontre quelqu'un, j'observe ce qui me permet d'estimer sa fortune, afin de le juger.
17. Je ne supporte pas le manque d'argent et les gens qui sont dans le besoin.
18. Un désir irrésistible d'acheter peut me faire renoncer à une bonne soirée entre amis ou en famille, même à une sortie pourtant attendue depuis longtemps.
19. Il m'arrive de souffrir de troubles physiques – migraines, désordres digestifs… –, si je suis à découvert sur mon compte en banque.
20. Je peux éprouver la sensation de perdre le contrôle et dépenser sans regarder.
21. Le fait d'être empêché(e) d'acheter me rend nerveux (se) et exaspéré(e).
22. Je ne suis jamais à découvert, je ne saurais le supporter.
23. Je veille à la moindre dépense.
24. Je peux réaliser un achat tout en sachant que mon compte est dans le rouge.
25. Acheter me procure un intense plaisir, je me sens mieux après.
26. Souvent, lorsque je paie, j'ai la sensation de perdre une partie de moi-même.

27. Je ne montre jamais l'argent liquide qui se trouve au fond de mes poches.
28. Le besoin d'acheter peut m'obséder, quel que soit mon état affectif.
29. Je tarde le plus possible avant de payer une facture.
30. J'évite de parler argent avec les gens, de peur de révéler ce que je possède.
31. Je considère que l'argent doit être dépensé, je trouve inutile d'économiser et je ne me vois pas le faire un jour.
32. Seul l'argent peut m'aider à décompresser en cas de stress.
33. Je suis très excité(e) quand je fais un achat important, je me sens fort(e) et puissant(e).
34. Je travaille pour gagner toujours plus.
35. Je ne peux supporter de laisser de l'argent sur mon compte en fin de mois.
36. Ne pas avoir sur moi d'argent liquide m'est insupportable.
37. Lorsque j'ai devant moi une forte somme d'argent en liquide, je suis fasciné(e).
38. J'ai horreur que l'on me réclame de l'argent que je sais pourtant devoir.
39. L'argent représente le pouvoir.
40. J'ai des comportements excessifs avec l'argent, mais je ne peux m'en débarrasser.
41. Je ne conçois pas de donner un jour de l'argent à une œuvre caritative ou à une association.
42. La plupart des gens sont intéressés, il faut rester vigilant.

43. Le pire malheur qu'un homme puisse connaître est la ruine.
44. J'ai conscience d'avoir des besoins d'argent trop importants, mais je ne saurais faire autrement.
45. J'aime l'argent et pourtant il me fait peur.
46. Je suis obsédé(e) par l'idée du « toujours plus ».
47. Même si je sais que cela va mettre mon compte à découvert, je ressens de l'excitation à acheter.
48. Je préfère payer par carte de crédit, je ne vois pas l'argent que je donne.
49. Je ne peux rester plusieurs jours sans m'intéresser à l'argent, en parler, placer, spéculer.
50. Je suis très mal à l'aise au restaurant avec des amis au moment de l'addition, j'espère que l'un d'entre eux va payer à ma place.
51. Si quelque chose me fait envie, je dois l'acheter tout de suite.
52. J'ai acheté beaucoup trop de choses inutiles.
53. Il m'arrive de me sentir obligé(e) d'acheter.
54. Je suis plutôt du genre fourmi, l'idée de dépenser m'est pénible.

Comptez un point par réponse affirmative. Au-delà de 8 points se pose la question d'une dépendance à l'argent.

Pour en connaître la nature, servez-vous de la grille de correction ci-contre. Il existe trois formes principales de dépendance à l'argent. Pour chacune, le questionnaire compte dix-huit propositions dont vous retrouverez les numéros ci-dessous. Pour chaque colonne, vous obtiendrez donc un total sur 18.

Dépendance simple	Avarice	Dépense compulsive
1	2	4
3	8	5
6	9	7
12	11	10
13	14	18
16	15	19
17	23	20
22	26	21
31	27	24
32	29	25
34	30	28
36	38	33
37	41	35
39	42	44
40	43	47
45	48	51
46	50	52
49	54	53
Total/18	Total/18	Total/18

Pour chacun des types de dépendance :
- un total compris entre 0 et 5 n'est pas vraiment significatif ;
- un total compris entre 5 et 10 souligne une tendance ;

- un total compris entre 10 et 18 révèle une dépendance affirmée.

Chacune des trois formes principales de dépendance à l'argent peut s'exprimer avec des intensités différentes, engendrant des comportements reproduits plus ou moins fréquemment.

La dépendance simple. Pour vous, l'argent est un objet important. Vous avez tendance à en parler fréquemment, à le placer au centre de votre existence et de vos conversations. Vous y pensez, vous envisagez des placements, vous comptez beaucoup, vous spéculez... C'est une préoccupation qui peut se révéler envahissante.

L'avarice. Vos comportements relèvent de la rétention. Pour vous, l'argent se garde, s'amasse mais ne se dépense pas, ou peu. De la radinerie qui consiste à maîtriser les dépenses, à faire très attention à votre budget, à l'avarice qui consiste à dépenser le moins possible, votre rapport à l'argent est source de souffrance.

La dépense compulsive. L'argent est fait pour être dépensé. Vous tenez du flambeur qui est souvent dans le rouge à la banque ou de l'accro aux achats qui a bien du mal à résister au besoin irrépressible de dépenser. Votre banquier ne sera pas longtemps votre ami. Attention ! Les organismes de crédit risquent de faire fortune avec vous.

Le contexte. Sachez que les résultats obtenus à ce questionnaire sont influencés par le contexte de votre vie actuelle. Si vous êtes, par exemple, dans des conditions difficiles financièrement vos réponses risquent de refléter vos préoccupations.

La vraie nature de Yves

Yves, ancien flambeur comme il aime à se présenter, sort d'un divorce difficile qui a mis plusieurs mois à aboutir. Par lassitude, il a accepté d'endosser la responsabilité de la séparation. En conséquence, il doit payer à son ex-épouse une pension alimentaire plutôt élevée. Ses enfants sont grands, étudiants ou salariés, mais il continue par devoir à les aider. À la fin du mois, il lui reste juste de quoi vivre chichement. Un sentiment d'injustice commence à l'obséder. En conséquence, ses rapports à l'argent se sont tendus et il finit par avoir des comportements qui inquiètent son entourage.

La demande d'Yves repose sur la volonté de remédier à sa conduite de dépensier compulsif qui est, selon lui, la cause de son échec conjugal. Sa réponse au questionnaire, proposé au début de la prise en charge, est étonnante. Elle est en fait révélatrice de la nature que prend à ce moment-là sa dépendance à l'argent. Le nombre élevé de réponses positives confirme l'addiction. Mais l'analyse du protocole met en avant le caractère restrictif de cette dépendance. De dépensier, il est devenu radin, voire avare. Le questionnaire est le reflet de sa situation actuelle. Les semaines passant, la vraie nature de son addiction reprendra le dessus.

Si, d'après le questionnaire, vous vous révélez dépendant, vous n'avez pas fini d'en voir avec l'argent. Hélas ! Vos proches non plus. Pas de panique ! Vous trouverez dans les chapitres suivants une description de ces dépendances, des comportements qu'elles provoquent et des conséquences qu'elles entraînent.

Rassurez-vous, guérir de cette dépendance, y échapper, c'est possible. Mais prendre conscience de vos problèmes est une étape essentielle du traitement. Ne vous voilez pas la face ! Affrontez vos difficultés ! Reconnaissez votre addiction ! C'est la seule condition de votre libération : que la demande vienne de vous et pour vous.

VI

LE STRESS ET L'ARGENT

Les rapports entre le stress et l'argent sont multiples et rendent compte de l'apparition de bien des conduites déviantes ou addictives. Qui n'a pas eu le désir de réaliser un achat pour se faire du bien après une situation difficile ? À la sortie d'un examen important, il n'est pas rare de voir un étudiant courir s'offrir un CD comme un cadeau réparateur. Nous fonctionnons tous sur le même mode. L'argent est une source de plaisirs gratifiants. Mais, pour certains, la bascule vers l'enfer de la dépendance va devenir inexorable et les réactions au stress en sont en partie la cause.

Qu'est-ce que le stress ?

L'inventeur du concept est un Canadien, Hans Selye. En 1956, il fait paraître un ouvrage original intitulé *Le Stress sans détresse*[1], dans

---

1. Hans SELYE, *Le Stress sans détresse,* Presses de la Cité, 1956.

lequel il décrit un état particulier de l'organisme qu'il dénomme le syndrome général d'adaptation (SGA). Il s'agit d'une réaction de notre physiologie lors de la confrontation à une situation de menace ou de danger. Notre cerveau, par l'intermédiaire d'une glande située près du centre des émotions, l'hypophyse, déclenche la production d'une hormone, le cortisol, hormone de stress par excellence. Les glandes surrénales, qui comme leur nom l'indique se situent au-dessus des reins, opèrent cette sécrétion. Alors, l'organisme se met sous tension. Les muscles se bandent, la respiration s'accélère, la fréquence cardiaque augmente, le sang se retire de la région de l'estomac (d'où l'expression être glacé de terreur et de peur au ventre), la pression artérielle s'élève en raison de la constriction des vaisseaux sanguins. Bref, nous voilà sous tension, prêt à réagir, à lutter.

Psychiquement apparaissent des émotions comme la peur, l'anxiété, la colère ou l'excitation. Des mécanismes de pensée s'activent, qui déterminent notre manière de faire face, ce qu'en psychologie nous appelons le coping[1], constitué des processus de pensée et des raisonnements élaborés face aux situations difficiles, des réactions de superstition, de l'évaluation de notre vulnérabilité du moment.

Notre réactivité physique et psychologique s'adapte à la nature et à la gravité des situations rencontrées. Nous ne connaissons pas que des stress intenses. Mais cette réaction de notre

---

1. De l'américain *to cope* : faire face.

organisme dans son ensemble est quasi permanente. Le stress est une réaction inévitable : « Seul le cadavre n'est pas stressé ! » déclarait Selye. Pour certains, il est le moteur de la vie, à la source de la motivation de nos comportements.

L'excès de stress est responsable de troubles physiques qui peuvent évoluer vers des pathologies. Le stress diminue en effet nos défenses immunitaires. Il va favoriser l'apparition de lésions ou de dysfonctionnements lorsqu'un organe est fragilisé. Ce n'est pas le stress qui fait la maladie, mais il potentialise sa survenue sur un terrain prédisposant. Sur le plan psychologique, des troubles importants peuvent également apparaître lorsque le stress se cumule ou que survient un événement traumatisant – accident, catastrophe... En cas de stress cumulé, on parle de *burn out*, ou syndrome d'épuisement. À la suite d'un événement critique, on désigne par PTSD, ou syndrome de stress post-traumatique, un ensemble de signes cliniques qui définissent un état de dépression anxieuse.

Ce que l'on sait moins, c'est que le sous-stress, ou manque de stress, provoque des désordres tout aussi importants. L'absence de stimulations, une existence trop calme, un travail en dessous des capacités du sujet peuvent avoir des conséquences néfastes, comme des troubles dépressifs. S'installe progressivement une perte de motivation pour les tâches à réaliser qui entraîne ennui puis dépression. Le sous-stress se révèle destructeur, même si ses effets nuisibles nécessitent davantage de temps pour apparaître.

Des personnalités prédisposées

Notre histoire et notre personnalité influencent notre manière de réagir vis-à-vis du stress. Une typologie a été étudiée, qui met en évidence deux types de personnalités prédisposées au stress.

La personnalité de type A, dont la meilleure illustration est le personnage de Louis de Funès dans la plupart de ses films. Il a souvent campé des rôles d'individus excités, qui accélèrent leur rythme de vie tout au long du film, épuisant les spectateurs qu'ils ne manquent pas d'entraîner avec eux. Ces personnages sont ambitieux, impulsifs et ne peuvent se permettre la moindre pause, considérée comme du temps perdu. Bon nombre des requins de la finance ou de jeunes cadres dynamiques relèvent de cette catégorie. Durant des années, par souci de productivité, des méthodes de management ont été enseignées et utilisées au sein de grands groupes industriels afin de transformer leurs employés en véritables obsédés de la réussite financière. Les golden boys, qui centrent leur existence sur le gain d'argent, en sont les descendants.

La personnalité de type B, à l'opposé, est introvertie, peu expansive et prend l'allure du faux calme. En fait, les personnalités de type B sont tourmentées intérieurement et se livrent à d'incessantes ruminations anxieuses. Il s'ensuit pour eux des somatisations, l'apparition de maladies dites psychosomatiques. Ce qui ne peut se dire avec des mots se dira avec des maux. La catégorie des radins et avares relève davantage de cette typologie.

Un bon et un mauvais stress

Le stress est un moteur de notre existence. Il nous aide à nous motiver, à nous donner des raisons de nous lever le matin, par exemple ! Tout est affaire d'intensité. Si le stress est constamment présent, les expériences de la vie nous amènent à le connaître sous deux aspects bien différents.

Il existe, en effet, deux natures de stress : un stress négatif, qui engendre pénibilité et souffrance, et un stress positif, ou eustress, qui stimule les performances et produit le plaisir. Ce n'est pas toujours ce dernier qui est recherché. Certains d'entre nous recherchent l'excitation de la prise de risque. Les cascadeurs et les pratiquants de sports dangereux en font partie. Les manèges à sensations de la Foire du Trône en sont une preuve.

Le désir de décompresser après un stress négatif peut passer par un achat. Cette nécessité de décompresser explique parfois l'installation de comportements de dépenses compulsives. Mais, la plupart du temps, cette dépendance à l'argent trouve son origine dans un autre mécanisme.

Stress, argent et recherche de sensations fortes

Les personnes dépendantes à l'argent recherchent le stress et les sensations fortes qu'il procure. Au travers d'expériences qui les mettent en danger, ils ont l'illusion de rendre agréable ou tout au moins supportable leur existence.

Marvin Zuckerman[1], psychologue américain, a démontré, par l'étude de sujets placés en état de privation sensorielle, que plusieurs d'entre eux ne parvenaient pas à supporter le manque de stimulation sensorielle. Ils ressentaient une forte angoisse. Il avance l'idée de la dépendance de ces personnes aux sensations fortes, comme un drogué aux stupéfiants.

Zuckerman a élaboré une théorie selon laquelle les individus se répartissent en fonction de leur besoin de sensations fortes. Trop d'excitation provoque un malaise anxieux, mais le manque d'excitation est désagréable à vivre. Il nous faut donc rechercher un niveau optimal d'excitation, niveau qui est différent d'un sujet à un autre.

Certains ont un niveau optimal d'activation cérébrale correspondant à un niveau élevé de sensations. Ils apprécient les situations qui suscitent ces sensations, comme la prise de risque, la recherche du danger. Ils sont en quête d'expériences nouvelles et ont un goût

---

[1]. Marvin ZUCKERMAN, *Sensation Seeking in Dimensions of Personality,* Wiley, 1980.

marqué pour la provocation. On retrouve parmi eux les consommateurs d'alcool, de drogues ou d'hallucinogènes et des individus ayant tendance à se démarquer dans leur présentation en portant des vêtements excentriques. Ces personnes vont développer des rapports particuliers avec leur environnement et avec l'argent.

D'autres sont à la recherche d'aventures et de danger. On les rencontre dans les parcs d'attractions, sur les manèges à sensations, ou dans des clubs de sports dits à risques tels que le parachutisme, le parapente, l'alpinisme. Ils affolent leurs proches en élaborant des projets de raids dans des contrées hostiles. Emmenez-les pour une petite baignade en mer et les voilà partis pour la traversée du Channel.

Les chercheurs de sensations ont en commun une sensibilité à l'ennui. Ils ne supportent pas de faire deux fois la même chose, relire un livre, regarder une seconde fois un film... Ils apprécient tout ce qui est nouveau. Leur profession repose sur l'absence de routine. Bon nombre sont des contradicteurs permanents dans les discussions entre amis. Ils aiment s'engager dans des débats contradictoires qui peuvent provoquer des conflits. Leur entourage est constitué de gens à forte personnalité. Ne comptez pas sur eux pour vous reposer, ils fuient les pauses et le sommeil, qui ne sont à leurs yeux que des pertes de temps.

Une prédisposition aux jeux d'argent et aux dépenses excessives

Des études ont démontré, à partir des travaux de Zuckerman, que les individus présentant un besoin optimal de sensations élevées ont tendance à développer des conduites addictives. C'est le cas de la majorité des joueurs pathologiques et des dépensiers compulsifs. Nous le verrons dans les chapitres correspondants, ils ne trouvent pas leur plaisir dans le fait de gagner ou d'acheter des choses chères, mais dans la prise de risque que représente leur comportement abusif. Le dépensier éprouve d'autant plus de plaisir et de sensation forte qu'il se sait être dans le rouge à la banque. Le joueur pathologique se sent euphorique lorsqu'il mise ses derniers centimes ou réalise un banco avec la totalité de ses gains.

Le cerveau est en partie responsable de ce phénomène. Une zone cérébrale appelée zone de la récompense est à la source des sensations éprouvées. Nous l'avons vu, certaines drogues comme les amphétamines ou des substances d'apparence plus anodines, comme l'alcool, la nicotine ou la caféine, activent cette région du cerveau qui crée à son tour l'excitation et le plaisir. Ce processus neurobiologique explique la mise en place des dépendances. Une expérience agréable, comme la pratique d'un sport ou d'un loisir, instaure une activation cérébrale identique. Pour le dépendant à l'argent, acheter, dépenser ou manier de fortes sommes, déclenche ces réactions cérébrales en partie responsables de l'addiction qui s'est développée. Une manipulation d'argent chez le radin ou une spéculation boursière, même modeste, chez le dépendant simple peut provoquer l'apparition de telles sensations. Vous les connaissez lorsque vous réalisez un achat important. L'acquisition d'une voiture ou d'un bien immobilier vous fait connaître les affres de la bonne décision à prendre, la peur de vous engager dans un projet financier important, mais aussi l'excitation, l'euphorie qui accompagnent la réalisation d'un désir ou d'un rêve. Les gens qui entretiennent une dépendance à l'argent recherchent ces moments forts au travers de comportements divers.

Bien sûr, le stress et la recherche des sensations fortes n'expliquent pas à eux seuls les rapports difficiles que certains entretiennent avec l'argent. D'autres facteurs, notamment affectifs et psychologiques, entrent dans la mise en place d'une dépendance à l'argent. Les mécanismes psychiques de la dépendance, nous allons tenter de les découvrir tout au long des chapitres consacrés aux divers comportements abusifs connus.

VII

RADINS, AVARES, ÉCONOMES...

L'avare, personnage intrigant, souvent héros de la littérature tel le Harpagon de Molière, est plutôt perçu comme un être vicieux. Or, il s'agit, dans la plupart des cas, d'un sujet en souffrance. C'est un individu torturé par un mal qui le ronge et contre lequel il ne peut rien. L'avarice peut être acquise, apprise en relation avec le milieu environnant, la famille. Mais, comme la radinerie et l'économie abusive, elle correspond à une construction particulière de la personnalité.

Une organisation obsessionnelle

Une organisation de la personnalité sur un mode obsessionnel est bien souvent à la base des rapports difficiles entretenus avec l'argent. La méticulosité, le perfectionnisme définissent la personnalité obsessionnelle. Ces traits de caractère correspondent au fait que ce type de personnalité engendre un besoin de maîtrise sur l'environnement. C'est une sorte de mécanisme de défense contre l'angoisse de l'existence. Toute perte de contrôle occasionne une montée de l'anxiété, des pics d'angoisse, parfois durables et susceptibles d'occasionner des peurs paniques. Les personnalités à tendance obsessionnelle se traduisent par un souci de propreté, d'ordre, d'organisation dans les actes même simples de la vie quotidienne. C'est souvent bien agréable que de vivre ou travailler avec ce genre de personne. Elles ont la faculté de ne rien laisser au hasard et votre vie en est souvent facilitée. Je préférerais à coup sûr être opéré par un chirurgien obsessionnel.

L'obsession

Ce besoin impérieux de propreté, d'ordre, de rangement, d'économie s'appelle justement une obsession, phénomène psychique qui donne son nom à ce type de personnalité. L'obsession est une pensée automatique et consciente qui assiège l'esprit durant des années, voire toute une vie ; c'est d'ailleurs le sens étymologique de ce mot, du latin *obsidere,* assiéger. Il faut faire la différence avec les idées fixes, passagères, qui nous envahissent en cas d'anticipation d'un événement difficile, présent ou à venir. L'obsession peut déterminer votre style de vie, vos comportements au quotidien, votre savoir être. Une personne obsédée par l'argent ne pourra s'empêcher d'y penser même plusieurs fois par jour, dès qu'un projet, une décision, impliquant un mouvement d'argent ou une dépense sont envisagés. Les obsessions sont en effet reliées directement à notre anxiété. Elles nous obligent ainsi à anticiper sous la forme de scénarios catastrophes. Dans le cas de l'avarice, par exemple, l'obsédé de l'argent est constamment envahi par la crainte du manque et de la ruine.

La rétention émotionnelle

Une autre caractéristique de la personnalité obsessionnelle est la rétention émotionnelle. Les personnes présentant ce type de fonctionnement psychique sont, à des degrés divers, incapables de verbaliser leurs émotions. Telles des Cocotte-minute, elles retiennent leurs affects, se lancent dans des ruminations incessantes et négatives portant sur le ou les événements pénibles qu'elles ont vécus sans parvenir à verbaliser leur ressenti, se privant de la possibilité d'être rassurées par autrui. Ce sont des individus stressés, torturés et souvent sujets à des troubles psychosomatiques. Nous l'avons déjà dit, ce qui ne peut se dire avec des mots se dira avec des maux. Ce mécanisme de la rétention se retrouve dans la difficulté qu'ont ces personnes à abandonner, par exemple, un lieu de vacances, un domicile à la suite d'un déménagement, un endroit où s'est déroulé un événement festif ou heureux. L'obsessionnel vit avec la volonté, illusoire, de retenir le temps, pour ne pas oublier, ne pas perdre les émotions positives des moments de bonheur. Cela fait de lui un être nostalgique, parfois prisonnier de son passé, mais néanmoins toujours capable de vivre le présent

Enfin, cette rétention peut s'opérer sur les choses, surtout sur les objets chargés affectivement par les événements du passé. Nombre de collectionneurs fonctionnent ainsi. L'argent peut être un objet cible. D'autant plus qu'il est garant de sécurité et de « rassurance » chez ce type de personnalité à dominante anxieuse.

Bien sûr, ce mode d'organisation de la personnalité est plus ou moins affirmé selon les individus. Chez certains, seuls quelques traits apparaissent et la personnalité semble davantage définie par d'autres traits plus saillants ; chez d'autres, le caractère obsessionnel se montre prévalent.

Ce que nous dit la psychanalyse

La théorie psychanalytique, qui offre un modèle de développement psychologique de l'enfant, explique le caractère obsessionnel par des mécanismes psychiques prévalents au stade anal. Comme nous l'avons vu dans le chapitre sur « La dépendance à l'argent », Freud[1] a élaboré un modèle de développement du psychisme en rapport avec la sexualité. Le stade anal est la deuxième étape du développement

---

1. Sigmund FREUD, *Cinq Leçons sur la psychanalyse*, « Petite Bibliothèque », Payot, 2001 ; *Psychopathologie de la vie quotidienne*, « Petite Bibliothèque », Payot, 2001.

et correspond à la troisième année de notre existence, marquée par l'apprentissage de la propreté. Selon Freud apparaît à cette période une certaine forme d'agressivité dont l'expression transparaît au travers du mécanisme de rétention des matières fécales perçues par l'enfant comme un cadeau offert ou non aux parents. D'où l'importance de la rétention chez les personnes à trait de caractère obsessionnel. L'argent représenterait un dérivé, un prolongement de ce phénomène psychique du stade anal. L'avare serait donc un individu agressif en refusant de céder à l'autre l'argent en tant qu'objet de valeur, de valeur affective en fait. Il est vrai qu'il nous est bien souvent difficile de supporter l'avarice d'un proche ou d'un ami. Le moi de l'obsessionnel a opéré une régression au stade anal. Son discours et ses pensées s'expriment selon les caractères de cette phase. La satisfaction, le plaisir sont obtenus dans le contrôle ou la décharge pulsionnelle. Sa manière d'agir avec l'argent reflète ce mode de fonctionnement particulier. L'avare obsessionnel retient le plus possible et cherche à ne dépenser que pour l'essentiel ou alors pour faire plaisir.

L'obsessionnel est un être anxieux qui cherche à exercer une maîtrise constante sur son existence afin de se rassurer. Scrupuleux et perfectionniste, la morale, l'honnêteté sont pour lui des valeurs essentielles. Mais il vit dans un monde qui se trouve en échec dans sa tentative de soutenir une morale cohérente en général, et en particulier face à l'argent. L'obsessionnel apparaît comme un individu soucieux de préserver sa propre morale. Ainsi, l'avare et le radin réalisent au travers de leurs comportements excessifs l'expression d'une conduite morale, à leurs yeux rationnelle et crédible face à un environnement perverti. Ils vivent en conséquence en décalage, dans un état de souffrance permanent. Ils supportent difficilement l'absence ou l'ambiguïté de la morale de la société et s'épuisent à maintenir un semblant de moralité cohérent et rationnel. Freud, dans *Avenir d'une illusion*, décrit la religion comme une forme de névrose collective et explique que l'obsessionnel tend à instaurer en réaction sa propre religion. L'avare et le radin élaborent un système de croyances singulier sur l'argent qui induit leur manière de l'utiliser.

La théorie cognitive

La théorie cognitive, quant à elle, reprend la notion d'anxiété excessive pour expliquer l'état de vigilance anxieuse dans lequel se trouvent les personnes présentant un trait de caractère obsessionnel prédominant. Ces dernières vivent dans la crainte de la survenue d'un événement pénible, voire catastrophique. L'angoisse prend l'allure d'un malaise existentiel qu'entretient l'idée incessante que tout malheur peut arriver. L'obsession vient en quelque sorte banaliser les catastrophes. Ce qui apparaît extraordinaire ou peu vraisemblable pour chacun d'entre nous est toujours plausible pour l'obsessionnel.

Celui-ci, en raison de ses précautions incessantes et de l'importance de son anxiété, peut se montrer pénible pour son entourage.

Au regard de cette organisation psychique, certains radins ou avares n'hésitent pas à dire : « Je suis né comme cela. » Ils se sentent incapables d'imaginer une autre manière d'être au monde. Ils vivent sur le mode de la stérilisation des affects. Ils retiennent toutes leurs émotions, ne les expriment jamais et ne parviennent pas à imaginer celles des autres. Ils vivent dans la crainte de perdre une once d'eux-mêmes. Toute libération d'énergie psychique est source d'angoisse, donc impossible. Leur rapport à l'argent est le reflet de ce vécu intérieur. Le maniement de l'argent est chargé émotionnellement. Donner, payer ou perdre revient à céder une partie de soi-même.

Le sens du devoir

Hubert, cinquante-quatre ans, est un chef d'entreprise venu consulter avec son épouse en raison de l'épisode dépressif d'un de ses enfants : sa fille de dix-sept ans venait de faire une tentative de suicide. Grand, la présentation très soignée, Hubert a tout du cadre supérieur dynamique. D'emblée, il met en avant cette image de manager responsable, érigée comme une véritable défense face à l'environnement. Sans la gravité de la situation, et sans la forte pression exercée par sa conjointe, Hubert ne serait jamais venu voir un « psy ».

Après quelques minutes d'entretien, il apparaît que les troubles de l'adolescente ont engendré une crise familiale, en ce sens qu'Hubert a été désigné par sa fille comme le principal responsable de sa dépression. Une prise de conscience semble s'être opérée, puisque Hubert reconnaît lui-même son côté invivable. Rigide, très exigeant envers lui-même, il l'est aussi avec ses proches. L'argent est au centre des conflits familiaux et l'obsession de son existence. Hubert est décrit par son épouse comme un « radin maladif ». Chaque dépense se doit d'être justifiée. Les enfants, par exemple, au nombre de quatre et tous étudiants, ne sont remboursés des frais occasionnés par leurs études qu'à la condition qu'ils apportent les justificatifs à leur père : tickets de caisse, de transport, factures... De même, chacun est tenu de dresser un livre de comptes précis et de le présenter à chaque requête. Madame n'échappe pas à la règle et le moindre oubli provoque des querelles sans fin. Pourtant, Hubert est aisé, très aisé. Il a hérité de l'entreprise de son père et celle-ci viendrait à péricliter que lui et sa famille n'en seraient pas pour autant en danger. Le couple vient d'ailleurs de faire l'acquisition d'une magnifique propriété de grande valeur sans avoir à contracter de prêt et, au dire de madame, sans entamer outre mesure le capital accumulé au fil des années.

Mais Hubert a peur. Il est terrorisé à l'idée de la faillite et fait vivre à ses proches un véritable enfer. Chaque nuit, il réveille son épouse, la forçant à écouter la litanie de ses angoisses. Quelle que soit la conjoncture, son entreprise est au bord du dépôt de bilan, la ruine est pour demain. Alors, il passe en revue les dépenses récentes et accuse sa femme et ses enfants d'être des irresponsables, incapables de gérer un budget, affirmant que leur inconscience va les mener tout droit à la banqueroute ! L'achat récent de la maison a donné lieu à de multiples allers-retours dans la décision d'Hubert. Bien que cette transaction n'ait pu apparaître à aucun moment déraisonnable, quitter l'habitation plus modeste qu'ils occupaient jusqu'alors lui semblait impossible. Comment envisager des charges plus lourdes, des impôts plus élevés ? Hubert était persuadé de faire exploser le budget familial et les scénarios catastrophes où les bénéfices de l'entreprise se trouvaient engloutis dans un train de vie démesuré ne manquaient pas.

Autre obsession, les voitures. La famille en possède six et toutes doivent avoir en permanence l'apparence du neuf, quelle que soit leur ancienneté. Ce qui implique un lavage hebdomadaire systématique, à la main puisque les lavages automatiques coûtent cher. Hubert est capable d'effectuer ces lavages, dans le souci, dit-il, de les réaliser parfaitement. Une bonne partie du week-end est ainsi occupée. La moindre éraflure prend l'allure de catastrophe. Le véhicule endommagé sera dévalué lors de sa revente en raison de la stupidité de son utilisateur !

Les épisodes nocturnes se transforment irrémédiablement en colère puis, au bout d'une heure ou deux, Hubert, lui, se rendort, momentanément apaisé. Ces jérémiades nocturnes sont reprises les jours de repos... Les projets de voyages sont remis en question dès qu'ils ont été décidés, voire à quelques jours du départ. Des difficultés financières dans l'entreprise, la menace fantôme de la défection du plus gros client, la récession qui va dans les jours à venir ravager l'économie de notre pays, tout est prétexte à reporter les projets, les week-ends, les vacances. Un coup de téléphone rageur donné du bureau à son épouse sert à lui transmettre sur un ton angoissant l'ordre impérieux d'annulation. Françoise n'a jusque-là jamais pris les demandes de son mari au sérieux et n'a jamais remis en question un quelconque projet. Mais les années passant, elle se dit maintenant excédée, exaspérée. Les réveils, les perpétuels conseils pour économiser le moindre sou, elle ne les supporte plus.

C'est dans ce contexte que le couple consulte, malgré la réticence d'Hubert, qui serait bien décidé à discuter du prix de la consultation... non remboursée par la Sécurité sociale.

De personnalité obsessionnelle, Hubert a besoin, pour se rassurer, de tout contrôler, tout maîtriser. Malheureusement, la vie est loin de le permettre. Il ne peut contrôler l'ensemble des dépenses nécessaires au quotidien pour faire vivre une famille de six personnes. Intelligent, conscient des réalités économiques de notre monde, il se comporte néanmoins de manière excessive et quelque peu inadaptée. Il fait souffrir les siens et ne semble pouvoir s'en empêcher. Pourquoi cette obsession de l'argent, de l'économie, de la chasse au gaspillage ?

En fait, l'histoire d'Hubert vient nous éclairer sur les raisons d'un tel comportement. Trente-cinq ans plus tôt, le père d'Hubert, homme d'affaires brillant et de forte personnalité, confie solennellement à son fils l'entreprise familiale, le rendant directement responsable de son devenir, de sa rentabilité, afin d'assurer l'éducation de ses jeunes frères et la postérité du nom de la famille. Hubert se doit de perpétuer la réussite de ceux qui l'ont précédé et se trouve ainsi le garant de toute une lignée hissée par le travail à un haut rang social. En ruinant l'entreprise familiale, il jetterait l'opprobre sur ses enfants et les générations à venir. Surtout, il ferait défaut à un père autoritaire mais symbole de réussite à qui il a, en reprenant l'affaire, donné sa parole et promis de ne pas échouer.

Hubert ne peut avoir de la valeur face à ce père tyrannique, pourtant décédé mais devant qui il n'a eu de cesse, durant son enfance et sa jeunesse, de chercher à briller pour exister et être aimé, en menant ses affaires à la réussite afin de léguer à son tour l'entreprise à l'un de ses fils.

L'éducation d'Hubert a été stricte et rigide. Les valeurs de la réussite obtenue par un travail et un effort constants ont été les leitmotive de son enfance. L'oisiveté, le relâchement lui ont toujours été présentés comme les pires maux que l'on puisse connaître. Il en est résulté une personnalité anxieuse, marquée par la terreur de l'échec et fortement investie des valeurs de persévérance en toute chose et du sens du devoir, jusqu'à l'obsession. Là s'exprime le sens moral d'Hubert face à un monde de laisser-aller et d'insouciance. Il se montre intransigeant avec les siens, surtout avec ses enfants, afin qu'ils ne soient pas contaminés par l'inconscience de la société actuelle. Hubert lutte en permanence et s'épuise.

L'argent représente un symbole de réussite, placé au centre des relations d'Hubert avec le monde. Il faut en gagner suffisamment pour acquérir de la respectabilité et prouver sa valeur, ses compétences. Et, surtout, il est impératif d'éviter le gaspillage qui devient une menace pour la pérennité de l'entreprise, donc pour la mission d'Hubert. De façon obsédante, il lui faut contrôler l'économie familiale, habité par ses peurs, et la tension ainsi engendrée le rend irascible et pénible à vivre. Le travail représente une capacité de maîtrise de ses angoisses, il lui permet d'agir dans le sens de ses obsessions. L'inactivité le plonge dans le désarroi. Hubert est incapable de profiter de ses temps libres, vécus comme un gaspillage de temps et *a fortiori* d'argent. Toute dépense représente un pas possible vers le malheur, le manque, la ruine et tout ce qu'ils représentent. Le sujet cherche en conséquence à retenir l'argent pour maintenir de manière illusoire ses finances dans un état toujours identique.

Pourtant, notre homme sait se montrer généreux. Il n'hésite pas à faire plaisir aux siens avec des cadeaux souvent somptueux. Même si, très vite, il se reprend et exprime des remords. Ce phénomène paradoxal se comprend. Hubert culpabilise de la peine des siens en raison de sa radinerie. Il se trouve à certains moments en situation de réparation psychologique face à ses proches. Il perçoit que son obsession de l'économie les fait souffrir. Comme un enfant que l'on vient de gronder et qui ensuite vous aide à mettre la table pour se faire pardonner, s'assurant ainsi que votre affection à son égard n'est pas perdue, Hubert réclame l'amour des siens au moyen de présents de prix, de vacances superbes... Il est très fréquent de voir osciller le comportement du radin entre la restriction et la générosité, conduite paradoxale qui rend bien compte de l'effort continuel que représentent l'obsession de la rétention de l'argent et la crainte du rejet qu'elle pourrait engendrer. La dépense correspond aussi à une sorte de décharge pulsionnelle visant à susciter le plaisir de l'autre et le sien propre en retour. S'illustre ici le fonctionnement du caractère anal qui domine la personnalité d'Hubert. Rétentions et décharges rythment ses rapports à l'argent et à son entourage.

Hubert est donc en souffrance et la thérapie qu'il accepte et demande ne va pas servir à modifier sa personnalité. Là n'est pas le but des psychothérapies. Par contre, il est possible de l'aider à fonctionner différemment, d'amenuiser ses craintes face à l'argent.

Dans un premier temps, je vais lui expliquer que nous allons tenter de mieux comprendre les mécanismes cognitifs à la base du déclenchement de ses angoisses. Je lui demande pour cela de tenir une sorte de journal des épisodes anxieux, avec : les situations dans lesquelles ils se déclenchent, les personnes présentes, le ressenti psychique, comme la déprime, ou physique, comme des palpitations, une sensation d'énervement, des suées... Et je l'invite à noter les pensées qui accompagnent la montée de son stress et ce qui l'entretient. Cela a pour but de donner à Hubert une sensation de maîtrise de son anxiété, ce qui, correspondant à son mode de fonctionnement, est le mieux à même de le rassurer. Pour moi, ces notes seront riches en informations sur les paramètres et les facteurs déclencheurs de ses angoisses.

À la séance suivante, Hubert a bien travaillé et me rend fièrement sa copie. L'analyse des notes prises permet de relever l'importance du phénomène de rétention émotionnelle chez lui. Le moindre souci au travail est intériorisé et devient progressivement sujet à des ruminations incessantes. Au lieu d'aller en parler à ses collaborateurs, Hubert préfère rester seul dans son bureau à tourner le problème en tous sens, à la recherche d'une solution qu'un autre possède certainement. S'installe très vite un sentiment d'incapacité et de dévalorisation qui fait revenir de très loin nombre d'émotions négatives, et l'anxiété l'envahit. De retour chez lui, soit la coupe est pleine et Hubert décharge son stress sur les siens, soit il garde ses ruminations tout au long de la soirée, finit par s'endormir épuisé mais se réveillera anxieux dans la nuit, s'apaisant en projetant ses angoisses sur son épouse.

Hubert doit apprendre à verbaliser. Il en est aujourd'hui peu capable, d'une part, à cause de la rétention émotionnelle due à sa personnalité obsessionnelle, et d'autre part, parce que parler représente pour lui une faiblesse qui cadre mal avec l'image de l'homme d'autorité dont il s'est investi. Hubert doit rester maître de toutes les situations. Nous convenons ensemble, à la fin de cette deuxième séance, qu'il tentera de régler dans son entreprise les problèmes rencontrés directement avec les personnes concernées, en évitant au maximum de tout garder, laissant ainsi monter son stress et s'en déchargeant ensuite inévitablement à la maison, face à une épouse impuissante.

Les séances suivantes seront consacrées à un travail de restructuration cognitive. Technique psychothérapique visant à relever les raisonnements malheureux qu'Hubert entretient sur lui-même, l'argent, ses peurs. Un petit découvert sur le compte familial annonce pour lui la ruine imminente, alors qu'il n'existe aucun lien entre la comptabilité de l'entreprise et celle du foyer et que, rappelons-le, il est parvenu à placer un capital suffisant pour le faire vivre confortablement lui et les siens pour des décennies. Au fil du temps, les crises d'angoisse ont cristallisé chez lui des croyances irrationnelles dont il ne parvient pas à se débarrasser. Par exemple, suivant les principes de son éducation, Hubert est persuadé que tout moment de détente représente un danger pour la survie de l'entreprise. Comme toute personnalité obsessionnelle, il est incapable de lâcher prise, de s'accorder de véritables moments de répit, en s'octroyant par exemple le droit d'arriver plus tard le matin au bureau ou d'en partir plus tôt si le travail le permet. Chaque instant de relâchement est vécu comme un laisser-aller impardonnable et mènera au désastre.

Toutes ces croyances, chacun de ces raisonnements malheureux vont faire l'objet de discussions serrées ayant pour but d'amener progressivement Hubert à modifier ses représentations déficientes et ses mauvais réflexes cognitifs, bref à acquérir des croyances plus réalistes.

Parallèlement, je lui propose un programme de gestion de son stress reposant sur l'apprentissage de techniques de relaxation et l'introduction progressive de temps libres occupés par des activités de détente. La relaxation est utilisée pour amenuiser l'anxiété permanente dont il souffre en lui donnant des « outils » pour la traiter.

Avec son épouse, il sera décidé qu'Hubert ne vérifiera plus les comptes familiaux, reconnaissant cette dernière comme suffisamment compétente pour les gérer. Chaque projet sera discuté par le couple. Hubert sera invité à exprimer clairement ses restrictions, les émotions qu'elles suscitent. Une fois les décisions prises, elles ne seront plus remises en cause.

Après quelques mois de thérapie, Hubert va devenir beaucoup moins pénible à vivre pour son entourage et se sentira lui-même soulagé. Il ne se transformera pas en être prodigue et dépensier, mais ses rapports à l'argent vont revêtir un caractère moins obsédant.

Toc et argent

La personnalité obsessionnelle peut aussi évoluer vers la maladie. On parle alors de troubles obsessionnels, de névrose obsessionnelle ou, ce qui est davantage usité à l'heure actuelle, de Toc, trouble obsessionnel compulsif. La personne présente dans ce cas un haut niveau d'anxiété, de nombreuses obsessions associées à des sortes de rituels ou d'actes répétitifs appelés compulsions. On entend par compulsion un acte que le sujet se sent contraint de réaliser pour apaiser son anxiété. Ce geste se reproduit de manière stéréotypée et celui qui est atteint de Toc ne peut s'empêcher de le réaliser. S'il essaie d'éviter le rituel, son angoisse s'amplifie. Les rituels peuvent être de lavage, de vérification, d'ordre, de rangement, de symétrie, de toucher, ou des phrases conjuratoires ou litanies répétées de nombreuses fois. Je vous rassure, nous avons tous nos manies, mais en cas de Toc, les rituels envahissent votre vie et deviennent pénibles à supporter. Même si le caractère absurde de ces rituels ne lui échappe pas, la personne souffrant de Toc se sent poussée à les accomplir, ressentant ensuite de la honte et de la culpabilité. En conséquence, elle se sent faible, voire folle. La vulgarisation de cette maladie par les médias a heureusement aidé beaucoup de gens atteints de ces troubles à oser se soigner[1].

Les avares sont pour la plupart atteints de troubles obsessionnels. Ils sont obsédés par l'idée de retenir leur argent, de le garder, de l'amasser. L'Harpagon de Molière est l'archétype de ces avares que la moindre dépense saigne. C'est en effet une partie d'eux-mêmes qui leur échappe dès qu'un peu de monnaie quitte leur bourse.

Un riche Harpagon

Jean est un homme riche. Sa famille a accumulé une fortune qui le met à l'abri du besoin. Pourtant, lorsque vous le rencontrez, vous pensez davantage avoir affaire à un SDF qu'à un fils de bonne famille. Ses vêtements sont de facture modeste et élimés. Ses chaussures sont hors mode et inusables : de bonnes grosses chaussures de facteur. Il roule dans un véhicule qui tient plus de l'antiquité à bout de souffle que de la voiture de collection.

---

1. Voir à ce sujet l'excellent ouvrage du Dr Alain SAUTERAUD, *Je ne peux pas m'arrêter de laver, vérifier, compter. Mieux vivre avec un Toc*, « Guide pour s'aider soi-même », Odile Jacob, 2000.

> Marié récemment, Jean vient me voir sous la pression de sa jeune épouse qui n'en peut plus de son avarice. Elle le menace de partir s'ils continuent à vivre de cette manière. Jean contrôle toutes les dépenses du ménage et, notamment, ce dont peut disposer sa conjointe. Il compte chaque soir les sommes présentes dans son porte-monnaie. Il exige le recueil des tickets de caisse et a tenté de lui interdire l'usage de la carte bancaire et du chéquier.
> Jean travaille. Il est à la tête d'une affaire importante dans la grande distribution. Il passe de longues journées au bureau, ce que sa charge de travail ne justifie pas toujours. En fait, il perd beaucoup de temps à consulter plusieurs fois par jour ses comptes bancaires. Les informations recueillies ne varient que rarement au cours d'une même journée et ces interrogations fréquentes n'ont aucune cohérence. Mais Jean ne peut s'en empêcher. Il s'y livre de manière compulsive. Toutes ces vérifications sont des rituels en rapport avec une obsession du malheur, celle du manque d'argent. Jean est conscient du caractère absurde de son comportement, mais il ne peut que le subir, agir autrement entraîne des crises d'angoisse insurmontables.

Jean est malheureux et angoissé au moment de la première consultation. Il sait que son épouse, exaspérée, pourrait le quitter s'il ne se débarrasse pas de son avarice. Celle-ci est d'autant plus ancrée qu'il a vécu avec un père lui-même avare, qui cautionnait sa réussite dans ses affaires par ce comportement abusif. Il s'agit donc en partie d'un comportement d'imitation, ce que l'on appelle en psychologie un apprentissage social. Son père représente un modèle auquel Jean s'identifie maintenant qu'il exerce les mêmes responsabilités.

Soigner Jean va consister à l'amener à affronter les situations qui provoquent les obsessions et les compulsions tout en favorisant une diminution de la fréquence de ses compulsions. Le principe de base est que, si Jean s'expose aux situations qui déclenchent ses vérifications, mais qu'il parvient à éviter ou à contrôler ses envies, après un moment de forte anxiété, celle-ci s'amenuisera, voire disparaîtra. La répétition de cet affrontement fera que le pic anxieux ressenti lorsqu'il s'empêche le geste compulsif sera progressivement moins intense et durera moins longtemps. Ce phénomène renforcera Jean dans sa détermination à se débarrasser de ses rituels.

J'ai, dans un premier temps, demandé à Jean de tenir au quotidien un journal de ses obsessions et de ses compulsions. Ensuite, nous avons décidé ensemble, à la lecture de ses notes, de la situation qu'il devait affronter. La première consiste à ne plus contrôler le soir, à son retour du travail, le contenu du porte-monnaie de son épouse. C'est un exercice que Jean estime possible parce qu'il déclenchera, selon lui, une anxiété supportable. Jean s'est donc exposé à cette situation chaque soir, notant scrupuleusement les différents degrés d'anxiété ressentis. Au bout d'une semaine, il m'annonce triomphalement que ce rituel de vérification ne fait plus partie de ses « manies ».

Au fil des séances, Jean va parvenir à surmonter ainsi graduellement ses compulsions. Nous allons alors aborder le problème de ses comportements d'évitement. Jean n'effectue aucune dépense. Ce n'est pas lui qui paie les factures de son entreprise, un comptable s'en charge. À la maison, les courses sont faites par son épouse. Il s'arrange pour ne pas avoir à donner directement de l'argent, que ce soit sous forme de chèque, de liquide ou par carte bancaire. Nous allons décider ensemble d'un programme d'achats courants qu'il réalisera durant les week-ends et ses temps libres. Il est nécessaire que Jean se débarrasse de l'idée que l'argent est un objet dangereux à manipuler. Cela est possible parce que, parallèlement, un travail sur les obsessions est mené. Tout comme pour Hubert, j'aide Jean à restructurer ses processus de pensée, ses représentations de l'argent, ses peurs irréalistes de manque ou de ruine. À cela s'ajoute l'apprentissage de techniques de relaxation lui permettant de gérer son anxiété.

Après plusieurs mois de traitement, Jean est toujours atteint de Tocs. Ceux-ci sont moins envahissants et sa vie et celle des siens sont moins pénibles. Les rituels réapparaissent lorsqu'il est fatigué ou contrarié. Certes, il reste avare, mais son avarice confine davantage à la radinerie. Son épouse veille au maintien des acquis de la thérapie, le temps se chargera de les consolider.

Les obsessions et les compulsions ont un caractère absurde qui n'échappe pas à la personne atteinte de ces troubles. C'est d'ailleurs ce qui la fait souffrir.

> ### Marie, Toc et économie
>
> Marie, jeune femme dynamique, mariée et mère de trois enfants, passe son temps à chasser les promotions de toutes sortes. Elle revient des courses avec une quantité affolante de choses qu'elle n'a pu s'empêcher d'acheter, de manière ritualisée, parce que soldées ou bénéficiant d'une ristourne. Chez elle, c'est un capharnaüm de produits alimentaires entassés dans les placards de la cuisine et dans le sous-sol. Son mari effectue régulièrement un tri pour jeter les denrées périmées que la famille n'a pas eu le temps de consommer. Chaque mois, de nombreuses boîtes de conserve ou produits surgelés finissent dans la poubelle. Marie est consciente que ses achats compulsifs, loin de constituer une épargne, représentent une menace pour l'économie familiale. Elle réalise pleinement l'incohérence de ses comportements mais ne peut les éviter. Son obsessionnalité la pousse, de même, à entasser journaux, papiers et cartons en tous genres. Collectionnisme qui correspond au fait qu'elle ne peut se résoudre à jeter sans avoir l'impression de gaspiller. Femme intelligente, elle qualifie elle-même ses conduites de folles, en souffre et les subit.

Avarice et addiction

Les troubles obsessionnels expliquent bien des comportements d'avarice, mais d'autres mécanismes psychologiques sont également à la base de ces déviances.

> ### Lise et les ristournes
>
> Lise est une jeune femme souriante et sympathique qui m'explique en riant les raisons de sa venue au cabinet.

L'exaspération de ses proches et de son compagnon l'a décidée à venir me rencontrer. Elle est cadre commercial dans une PME. Elle se dit heureuse dans son travail et dans sa vie. Elle est la mère de deux adorables bambins. Son ami travaillant énormément, elle s'occupe de la gestion du foyer et du quotidien, l'éducation des enfants, le ménage, les courses… C'est là que s'expriment les manies de Lise. Elle est incapable de réaliser un achat, même futile, qui ne soit pas une « promo ». C'est une véritable obsession. Toute excursion au supermarché est le fruit d'une intense préparation. Les publicités qui envahissent nos boîtes aux lettres sont minutieusement étudiées. La liste des courses, préalablement établie, est reconstituée en fonction des réductions et des offres de promotion. La qualité passe au second plan, seuls les prix attractifs conditionnent les achats. Lise peut parcourir plusieurs kilomètres si elle estime que la ristourne espérée est substantielle. Bien que rigoureuse et rationnelle dans son métier, elle manque de discernement et refuse de reconnaître que les frais d'essence engagés peuvent remettre en question l'économie supposée réalisée.

L'argent ne fait pourtant pas défaut. Lise gagne bien sa vie et son conjoint exerce une profession libérale lucrative. Le couple est à l'abri du besoin. L'ami de Lise ne supporte plus les « manies » de sa compagne. Il juge son comportement insupportable, à la limite de la folie, et s'en inquiète de plus en plus. Lise est en effet capable de passer ses soirées à éplucher les prospectus reçus dans la semaine, en vue des achats du week-end. Les courses du samedi deviennent interminables en raison de cette chasse à la ristourne.

À cela s'ajoute la traque aux offres de remboursement présentes sur les emballages de denrées courantes, les « Recevez un chèque de deux euros sur l'achat de… » que Lise se sent incapable de laisser passer. Au grand dam de son compagnon, elle explore durant des heures les rayons des supermarchés et, au prix d'un entraînement long et acharné, parvient systématiquement à les dénicher.

> Ce n'est pas tout, chaque produit portant la mention « Satisfait ou remboursé » est l'objet d'une récrimination écrite permettant dans la quasi-totalité des cas son remboursement.
> Pour son entourage, Lise n'est plus une économe, c'est une malade. Et si cette jeune femme me raconte ses déboires avec humour et un apparent détachement, elle me dit avoir des moments de doute. Elle vit tout cela comme un jeu, mais reconnaît aussi ne pas pouvoir s'en empêcher. « J'ai de temps à autre l'impression que je suis contrainte à faire ça, qu'une force intérieure m'y oblige, malgré moi, et à ces moments-là, j'ai peur. Mais je serais encore plus angoissée si on m'empêchait de le faire. »

Lise a développé un comportement de dépendance aux promotions. Tout comme l'alcoolique est dépendant de l'alcool, le toxicomane de la drogue, Lise est devenue accro aux rabais en tout genre. Bien sûr, les conséquences de ses comportements sont loin d'apparaître fâcheuses. Que d'économies réalisées ! En revanche, l'aspect envahissant et persévérant de ces conduites pose problème, le côté « pas de répit », qui amène par exemple Lise à analyser le contenu des achats de son compagnon, parti seul – on peut le comprendre – faire les courses de la semaine au supermarché. Gare s'il a loupé une des promotions soigneusement soulignées au marqueur ! S'ensuivront d'incessantes disputes.

Ce comportement addictif s'est progressivement mis en place au regard du plaisir éprouvé face aux économies réalisées. Lise est consciente du côté excessif de ce « jeu » qui énerve les siens. Mais elle ne parvient pas à s'y soustraire, tout comme il est difficile au fumeur d'arrêter de fumer. Il faut dire que tout cela repose sur des mécanismes anxieux. Lise a été deux fois enceinte, et chaque fois très angoissée par l'importance de ces événements de vie. Elle déclare avoir alors eu conscience de dépasser des limites. À l'approche des accouchements, vécus avec beaucoup d'appréhension, il lui devenait impossible d'éviter ces conduites d'économie compulsive. Tout comme le toxicomane obsédé par la recherche de son produit, Lise subissait sa manière particulière de faire les courses, cette fois sans plaisir et avec énormément d'angoisse à l'idée du manque. La majeure partie de ses congés maternité y passait, au désespoir de son compagnon.

    La thérapie a permis de mettre en évidence l'influence du passé de Lise. Aînée d'une famille nombreuse, elle a très tôt été responsabilisée par sa mère, débordée par l'entretien du foyer. Le père, ouvrier, rentrait harassé et ne prenait en charge que la gestion du modeste budget familial. Chaque mois, Lise assistait à la cérémonie des comptes, au cours de laquelle son père payait les factures des commerçants du quartier. Ces règlements le mettaient dans des états de rage et de désespoir qui effrayaient Lise. Elle était persuadée qu'elle et sa mère, responsables des courses, gaspillaient l'argent du ménage et allaient mettre la famille sous les ponts. Enfant, Lise passait des soirées d'angoisse à se sentir impuissante face au malheur annoncé. On comprend combien la peur de la dépense frivole et du manque d'argent a pu s'ancrer en elle.

Aider Lise a consisté à agir comme avec une personne présentant une conduite d'addiction. Après lui avoir fait comprendre les mécanismes psychologiques qui justifiaient sa dépendance, il a fallu l'éloigner de l'objet de cette dépendance, la rendre abstinente aux « promos ». Les publicités qui remplissaient la boîte aux lettres furent systématiquement jetées. Les rapports particuliers à l'argent furent traités au travers de l'analyse des distorsions et des croyances irrationnelles que présentait Lise à ce sujet. Dans un premier temps, je lui demandai de faire les courses, certes toujours avec le souci de prendre les produits les moins onéreux, mais en dehors de toute chasse à la promotion sous quelque forme que ce soit.

Notre histoire familiale influence nos rapports à l'argent, les cas d'Hubert, Lise et Jean en témoignent. Par des comportements d'imitation, nous pouvons être amenés à reproduire les attitudes de nos parents, voire leurs « manies », et, à notre tour, nous serons radins ou avares. Souvent, l'exaspération engendrée par leurs conduites peut faire de nous des rebelles, adoptant des comportements dits de compensation. Ayant souffert de la radinerie d'un père, nous serons prodigues avec nos enfants. Les peurs engendrées par des parents « flambeurs » et toujours sans le sou feront de vous un être économe, peut-être exagérément. L'important est de comprendre que, si vous le désirez vraiment, toutes ces déviances, petites ou grandes, peuvent se guérir ou s'amenuiser.

VIII

DÉPENSIERS, FLAMBEURS, DILAPIDATEURS

L'acte d'acheter est associé au plaisir et au pouvoir. Il a une valeur de compensation. Ne vous est-il jamais arrivé de succomber au désir d'un achat déraisonnable ou superflu pour calmer un vague à l'âme, combler un manque d'affection ? Si, bien sûr. Nous connaissons tous cette envie de dépenser aiguisée par la publicité et la surabondance des grandes surfaces et des commerces en tous genres. Après, c'est souvent le même rituel, on regrette, on se dit que l'on n'aurait pas dû, qu'il serait plus sage de rapporter au plus vite l'objet du délit au magasin.

Ce que je vous décris vous arrive une ou deux fois par an. Les dépensiers le vivent au quotidien, pendant des mois, des années. Ils en souffrent, ils ont conscience de leur dysfonctionnement vis-à-vis de l'argent, mais ils ne parviennent pas à se maîtriser. Ils sont mus par une force irrésistible qui les pousse vers la dépense, les obligeant à oublier, à faire fi de toute contingence. C'est pourquoi certains psychiatres n'hésitent pas à les considérer comme des drogués. Au XIXe siècle, la psychiatrie les désignait sous le nom de « oniomanes », sorte de toxicomanes de la dépense, qu'elle traitait comme des malades.

Un peu d'histoire

L'affaire n'est pas récente. Sénèque, philosophe romain de l'Antiquité, décrit un phénomène de prodigalité et recommande « la frugalité en tout ». Les Romains, comme les Grecs, ne plaisantaient pas avec les excès de dépenses. Ils les assimilaient à une transgression sociale. Les prodigues, à leurs yeux, mettaient en péril la transmission des biens familiaux et réalisaient une offense à la mémoire des ancêtres. Exclus et mis au ban de la société, ils n'avaient pas le droit d'être inhumés dans les caveaux de famille. La dépense compulsive est un fléau depuis l'invention de l'argent. Les archives de justice en rapportent de multiples illustrations, même lorsque notre pays connaissait des temps difficiles de restriction, pendant la Révolution ou les guerres.

L'histoire et la littérature regorgent de dépensiers célèbres : Fouquet, Louis XIV, Mirabeau, Balzac, le perpétuel endetté, Emma Bovary, l'héroïne de Flaubert, une des plus belles études sur le sujet. Mais pourquoi cette folie de la dépense qui touche près de 7 % de nos contemporains ?

L'achat compulsif

On parle d'achats compulsifs pour dénommer cette frénésie de dépenses. Le sujet est dans un premier temps envahi par la pensée d'acheter. Il est obsédé par l'idée persistante d'acquérir tel ou tel objet le plus rapidement possible. Son activité est gênée, son fonctionnement social peut en être entravé. Concentré sur l'idée de la dépense, il a hâte de se désengager de ses obligations du moment pour assouvir son besoin. L'envie devient irrépressible. Elle survient à tout moment et ne laisse aucun répit jusqu'à l'achat. Le dépensier abandonne tout ou bâcle les affaires en cours pour se précipiter vers les magasins. Au travail, il guette la pendule et attend fébrilement l'heure de la libération. Il est gouverné par une force qui le pousse, malgré les menaces des conséquences négatives que son geste peut entraîner.

L'achat concerne la plupart du temps des objets inutiles et potentiellement coûteux. L'objet acquis avec frénésie est ensuite jeté dans un coin ou donné. Il ne représente plus aucune valeur aux yeux de son acquéreur. L'argent a néanmoins été dépensé, souvent en quantité. Le dépensier compulsif ne connaît que déboire financier sur déboire financier.

Il ne s'agit pas ici d'un coup de tête isolé, d'une folie passagère. L'achat compulsif se répète. Si la tension psychique engendrée par les pensées obsédantes s'apaise une fois l'acte d'acheter réalisé, elle ne tarde pas à se renouveler. Malgré de grandes similitudes, les dépensiers compulsifs ne sont pas atteints des troubles obsessionnels décrits au chapitre précédent sur les radins et avares. Certes, une forte tension interne les pousse à la dépense, comme l'obsessionnel à réaliser ses rituels. Mais on ne retrouve pas chez la majorité des acheteurs excessifs de traits de personnalité obsessionnelle. Ils se comportent davantage comme des toxicomanes.

On comprend que l'acheteur compulsif est un être en souffrance. Il est rarement heureux, toujours insatisfait. Sa souffrance est d'autant plus intense qu'elle est double, psychologique et sociale. Soumis à ses compulsions, il a l'illusion en dépensant de se soulager, mais les difficultés financières engendrées le font retomber dans le marasme et la culpabilité que son entourage ne manque pas d'attiser.

Une perte de contrôle

Les victimes de cette forme de dépendance à l'argent décrivent toutes le sentiment de frénésie qui les étreint au moment de l'achat. C'est une véritable ivresse qui les pousse à dépenser des sommes importantes en une ou plusieurs fois.

Cette griserie peut les mener à la ruine et au cumul d'emprunts. Après les banques, la famille, ils n'hésitent pas à « taper » les amis. Demain, il sera toujours temps de trouver le moyen de rembourser.

> ### « Comme l'alcoolique devant son premier verre »
>
> Sylvie est amenée en consultation par son mari, dépassé par la situation. Le budget familial est au bord de la ruine. Ils travaillent tous les deux, gagnant des salaires équivalents. Or, dès le début du mois, le compte de Sylvie est à découvert. C'est chaque fois le même scénario, tout à la joie de disposer à nouveau d'argent, elle se hâte de quitter son travail pour faire du « lèche-vitrines ». Elle me dit ne pouvoir résister à la vue des étalages de vêtements pour enfant. Alors, elle achète, pour faire plaisir à ses filles. Leurs commodes sont remplies de tenues qu'elles n'auront jamais le temps de porter. Sylvie a conscience du caractère absurde de son comportement. Elle est chaque fois très déterminée à ne pas craquer, à se rendre dans les boutiques pour regarder, sans acheter. Mais, ces jours-là, dès le matin, ses envies ne font que grandir. En fin d'après-midi, la tension est telle que seule une petite dépense pourra la soulager un peu. La perte de contrôle est immédiate. Un achat en appelle un autre. Sylvie est grisée, ne se maîtrise plus, elle achète, elle achète, elle achète... « C'est, me dit-elle, ce que doit ressentir un alcoolique devant son premier verre de la journée. Il le boit, puis se dit qu'un deuxième, ce n'est pas grave, que c'est tellement bon ! »

Cette ivresse de l'achat engendre, chez ceux qui la vivent, un véritable syndrome de sevrage accompagné de troubles physiques (migraines, insomnies, désordres digestifs...) lorsque, privés d'argent, ils ne peuvent plus dépenser. Ils se vivent comme des drogués.

Les effets de l'achat sur l'estime de soi du dépensier expliquent aussi la perte de contrôle. En achetant, vous vous investissez d'un pouvoir face au vendeur. Vous devenez à ses yeux

> **« J'étais comme droguée »**
>
> « Je suis devenue folle quand Pierre (le mari) m'a retiré mon chéquier et ma carte bleue, déclare Marie. Pendant plusieurs jours, j'avais énormément de mal à dormir. J'étais comme électrisée, une droguée à qui on a supprimé sa drogue... Le matin, je tournais en rond dans la maison, à la recherche de la moindre pièce de monnaie oubliée dans un coin. J'étais assaillie de migraines violentes que rien n'apaisait. Cela a duré plusieurs jours, jusqu'à ce que mon médecin traitant me donne des médicaments pour me calmer. C'est lui qui m'a dit de venir vous voir, pour une psychothérapie ! Vous vous rendez compte, il m'a prise pour une dingue ! »

quelqu'un. Un client est une personne dont on s'occupe, dont on prend soin. Le moment de la vente est un instant privilégié : « Le client est roi. » Il développe en conséquence chez l'acheteur un sentiment d'importance, un accroissement de l'estime de soi. La plupart des dépensiers compulsifs, comme les sujets ayant une addiction, présentent un défaut d'estime de soi et d'affirmation de soi. Acheter leur procure la griserie d'exister, ne serait-ce qu'un instant, dans le regard de l'autre.

Une prise de conscience difficile

Les dépensiers compulsifs ont conscience de leur trouble, mais ils ne le reconnaissent pas devant les autres. Ils minimisent et usent du mensonge. Ils mentent aux autres et à eux-mêmes. Les pertes d'argent s'accumulent et, par peur de la réaction des proches, ils cachent leurs fautes, dissimulent leurs excès. Ils redoutent moins les reproches que les interventions visant à les empêcher de se livrer à leur activité favorite. Seules les réactions de l'entourage en cas de catastrophe financière sont susceptibles de les faire réagir. Malheureusement, bien tardivement. Il est d'autant plus difficile pour les proches de comprendre l'ampleur des dégâts que l'acheteur se livre à un plaisir solitaire. Il s'arrange pour ne pas être accompagné, il sait que son excitation ne se partage pas. Il connaît trop le sentiment de honte qui l'envahit une fois son forfait commis.

La dépendance entretient un mécanisme de dissonance. Le sujet sait qu'il prend des risques, mais les conséquences négatives sont pour les autres. Il sera épargné. Ce phénomène est bien connu chez les tabagiques. Le tabac est un danger pour la santé, le fumeur occulte cette vérité, persuadé que la maladie ne l'atteindra pas. Ce processus en psychologie s'appelle l'annulation. Il correspond à un mécanisme de défense contre l'anxiété que nous utilisons tous. Conscients de la réalité d'un risque, nous nous conduisons comme s'il n'existait pas. Nous le reléguons au fin fond de notre psychisme afin de nous sentir moins menacés. C'est illusoire, peu efficace dans la durée. Dans le cas des acheteurs compulsifs, les dettes s'accumulent vite et la faillite ne peut passer inaperçue bien longtemps. Les dépensiers, qui ne reconnaissent à aucun moment l'existence du problème, présentent des perturbations graves de la personnalité. Ils opèrent dans ce que l'on dénomme en psychologie le déni, véritable rejet de la réalité. Les comportements dilapidateurs accompagnent dans ce cas une pathologie mentale d'ordre psychotique ou schizophrénique.

C'est pourquoi il est nécessaire de rester vigilant lorsqu'un proche ou un ami vous semble être trop dépensier. Agir vite, prévenir, c'est guérir. Il faut lui parler des risques et l'amener à les mentaliser. Accepter de voir en face le danger encouru motive chez certains dépendants l'arrêt de la consommation. La prise en charge du dépensier compulsif passe, comme avec l'alcoolique ou le drogué, par le traitement de la dissonance avec une réelle prise de conscience des conséquences néfastes de son addiction.

L'achat, une recherche de sensations fortes

Le besoin de nouveauté, la recherche de l'objet idéal sont pour un certain nombre d'acheteurs compulsifs les moteurs de leur comportement abusif. Les travaux du psychologue américain Marvin Zuckerman[1], dont j'ai parlé dans le chapitre « Le stress et l'argent », n'expliquent pas l'ensemble des comportements impulsifs axés sur la dépense de l'argent. Des études ont démontré que la recherche de la nouveauté et la crainte de la routine sont des

---

1. Marvin ZUCKERMAN, *op. cit.*

caractéristiques communes aux acheteurs compulsifs. Ces derniers se livreraient à leur frénésie de dépenses pour combattre l'ennui et la répétition. Les femmes coquettes, qui ne cessent de renouveler leur garde-robe, répondraient à ce phénomène de quête de sensations fortes amenées par la nouveauté.

Des réactions neurochimiques provoquées par les émotions au moment de l'achat seraient susceptibles de conditionner le dépensier à consommer de manière répétée. Au même titre que les joueurs pathologiques, les acheteurs compulsifs décrivent ces instants d'euphorie ressentis durant l'acte d'acheter.

Une excitation qui ne fait que croître

« Vous ne pouvez vous imaginer ce que je ressens en allant dans un magasin, me dit Jean en consultation. Au moment où je saisis l'objet, j'éprouve une excitation qui ne cesse de croître lorsque je m'approche de la caisse. Quand je paie, je sais que je fais une connerie, que je n'ai pas l'argent sur mon compte. Mais tant pis ! Je le fais quand même... À mon avis, c'est justement parce que je fais une connerie que c'est excitant... »

Les mécanismes biologiques ne sauraient cependant expliquer à eux seuls les comportements abusifs de dépense ou relevant d'une quelconque dépendance. Certains parmi nous y seraient peut-être plus sensibles en raison d'autres paramètres, comme des composantes de personnalité. Nous serions tous différents dans notre capacité à contrôler ou maîtriser nos niveaux d'excitation.

Le remède à un état dépressif

Les dépensiers compulsifs ne se comportent pas tous comme des drogués. Si la plupart cherchent à combler grâce à l'argent un manque, celui-ci ne correspond pas uniquement à une quête de plaisir ou de sensations fortes. Pour certains, un état dépressif serait à l'origine des achats compulsifs destinés à avoir un effet remède : en réponse à la pénibilité du quotidien, ils s'offrent des douceurs compensatrices.

Il ressort d'études menées principalement aux États-Unis que plus de la moitié des acheteurs compulsifs souffrent de troubles anxieux accompagnés de dépendances à l'alcool ou aux drogues. Les psychiatres et les psychologues qui s'intéressent à la prise en charge de ces dépendants à l'argent n'hésitent pas à dire que tous présentent des troubles de l'humeur. Un état dépressif est associé et explique les conduites de dépenses abusives. Les sujets n'en ont pas toujours conscience. Une forme de dépression appelée « dépression masquée » – parce qu'elle passe inaperçue aux yeux de l'entourage et même de l'intéressé – est fréquente. Les troubles thymiques sont masqués par des atteintes physiques comme des douleurs diverses et des perturbations du sommeil. Ces signes sont interprétés comme causés par le stress et, la prise en charge se révélant mal adaptée, l'état morbide persiste. Dans un premier temps, la prescription d'un antidépresseur est seule susceptible d'avoir un effet positif. Une psychothérapie est souhaitable.

Les études ont également montré une prévalence de l'achat compulsif chez les femmes, avec fréquemment un état dépressif associé. La dépense compulsive est alors dite secondaire, c'est-à-dire motivée par un tableau dépressif préexistant. Les achats se portent sur les vêtements, les parfums et les bijoux, qui revêtent la valeur de cadeaux destinés à atténuer les douleurs psychiques et à relever une humeur basse. L'instant d'un achat, ces femmes entretiennent l'illusion que la tristesse s'envole.

Les hommes présentant une dépression agissent de même, mais ils vont préférer les domaines de l'automobile, de l'informatique, du son et de la vidéo : CD, disques, jeux vidéo, DVD... Les plus âgés se tournent vers l'art : tableaux, livres anciens ou de collection...

Dans leur livre *Encore plus...*, Jean Adès et Michel Lejoyeux[1] décrivent la spirale dans laquelle plonge le dépensier dépressif. Triste, il tente de soigner son « vague à l'âme » en se faisant plaisir. Aussitôt, il se sent coupable de son achat. À nouveau triste, il répète son geste et ainsi de suite. Le cycle infernal est installé. L'argent est un piètre antidépresseur.

---

1. Jean Adès et Michel Lejoyeux, *Encore plus ! Jeu, sexe, travail, argent*, Odile Jacob, 2001.

Des événements douloureux vécus durant l'enfance sont souvent avancés par les dépensiers compulsifs. Ils se guérissent des violences passées en utilisant l'argent comme un baume. Les achats servent à réenfouir dans les fins fonds de la mémoire les images et les pensées négatives qui resurgissent. C'est un inlassable travail en raison de la fréquence des remémorations.

> ### L'argent pour se taire
>
> Je me souviens d'une patiente qui avait été victime d'attouchements à l'âge de sept ans. Sa mère, auprès de qui elle s'était plainte, lui avait interdit d'en parler à qui que ce soit, voulant protéger, non pas sa fille, mais son compagnon, beau-père de celle-ci. Elle lui avait même expliqué qu'elle passerait pour une folle qu'on internerait à l'hôpital. Pour entretenir son silence, elle donnait à la gamine de l'argent en plus lorsqu'elle l'envoyait faire les courses, l'autorisant à le dépenser pour des bonbons ou autres futilités dont les enfants sont friands.
> Devenue jeune femme, ma patiente avait gardé cette habitude. La moindre allusion perçue dans les conversations, à la télévision ou à la radio, sur les agressions sexuelles déclenchait chez elle une envie pressante de dépense. L'achat prend ici la signification symbolique de la parole donnée de se taire tout en éloignant illusoirement la douleur ancienne. Accepter de mettre en mots les agressions subies a précipité cette jeune femme dans la dépression. Une fois le travail psychothérapeutique réalisé, la dépression écartée, les achats compulsifs ont disparu.

Certains acheteurs compulsifs peuvent chercher à réaliser un sentiment de toute-puissance au travers de dépenses coûteuses. Ils se rassurent en mettant les proches dans l'obligation de réparer en remboursant leurs dettes. Ils ont en effet trouvé là la manière de vérifier l'attachement affectif d'un conjoint ou d'un parent. Celui-ci, en palliant les déficits, comble le manque affectif du dépensier. Cette catégorie d'acheteurs compulsifs correspond à ce que l'on dénomme en psychologie des personnalités narcissiques. Centrés sur leur « nombril », ils refusent les frustrations et vivent sur le mode de la satisfaction immédiate. Leurs achats sont luxueux, voyants et visent à forcer l'admiration. Ils rêvent d'un train de vie de milliardaire et arborent un air supérieur. À la longue, ils épuisent un entourage qui finit par les tenir à distance. Orgueilleux, ils refusent de se remettre en question. Ils acceptent rarement de se soigner, estimant n'avoir besoin de rien ni de personne. Les rechutes sont fréquentes, ils vivent la restriction d'argent comme une contrainte insupportable et un obstacle à leur bien-être. Le sentiment d'infériorité occasionné par le manque d'argent leur est intolérable.

Une agressivité, un désir de violence réprimé peuvent être à l'origine des achats compulsifs. Dilapider l'argent est une manière détournée d'exprimer sa colère, ses frustrations, ses déceptions.

Les filles ou fils indignes qui dilapident les fortunes des grandes familles trouvent peut-être là le moyen de formuler leur opposition aux valeurs et principes de leur entourage.

> ### Jalousie
>
> J'ai reçu en consultation un homme dans la quarantaine, marié à une femme chef d'entreprise et fortunée. Six mois après sa perte d'emploi, il s'est mis à dépenser des sommes colossales en voiture, mobilier, cadeaux... Sa jalousie à l'égard de son épouse était sans aucun doute à l'origine de ses achats compulsifs. Vivant la situation professionnelle et sociale de sa femme comme une domination sur leur couple, mais étant incapable de se permettre de l'exprimer, il a détourné son agressivité sur les biens de sa conjointe, en tentant vainement de la pousser à la ruine. Souffrant de ne pas être entendu, il a forcé l'intérêt de sa compagne à son encontre en menaçant l'équilibre financier de la famille. En retour, ce dilapidateur n'a reçu qu'incompréhension et mépris.

Inconsciemment, l'acheteur compulsif peut aussi devenir l'objet de sa propre agressivité. La dépense compulsive devient le moyen de se faire mal, de retourner contre soi une violence, une sorte de suicide financier. Un sentiment de culpabilité, justifié ou non, détermine cette conduite.

Lorsque l'on constate les déboires que connaissent les acheteurs compulsifs en raison de leur comportement abusif, on peut se poser la question de cette agressivité détournée vers le sujet lui-même. Ils se mettent dans des situations si désespérées, souffrent tellement des pertes prévisibles qu'ils finissent immanquablement par connaître, que je me demande parfois s'ils ne cherchent pas à se punir. Sur le plan psychique, ne disposant d'aucune ressource pour faire face à une problématique d'ordre affectif – rejet par l'un ou les parents, par exemple –, ils ne s'autorisent pas à exprimer leurs pulsions agressives de dépit. Dans un premier temps, ils se sentent responsables de cette situation de « non-amour » et culpabilisent. Ensuite, ils retournent contre eux l'énergie liée aux émotions réprimées en s'automutilant par l'argent.

Qu'achètent-ils ?

Les acheteurs compulsifs acquièrent des objets dont ils se séparent tout de suite. Après l'ivresse de l'achat, le sentiment de culpabilité est immédiat. Certains jettent ce qu'ils viennent d'acquérir, les remords étant trop prégnants, d'autres en font cadeau. Ils ne peuvent garder avec eux ce qu'ils ont acheté. Les objets acquis n'ont en effet aucune valeur et sont même inutiles.

L'acheteur compulsif n'est pas un collectionneur. Il ne cherche pas à amasser. Il n'est pas dans la quête de l'objet idéal qui couronnerait une collection. Ses achats sont futiles et le remords en est d'autant plus grand. Ce qui compte, c'est de dépenser, de payer, pas de s'intéresser à ce qui est obtenu. Alors que le collectionneur prend soin de chaque objet de sa collection parce qu'il le voit comme investi d'une certaine valeur, le dépensier se débarrasse de ses acquisitions ou les accumule négligemment dans une armoire.

Il arrive pourtant que le dépensier compulsif se fixe sur un objet en particulier. Une femme achètera ainsi des dizaines de sacs à main qu'elle entasse dans un endroit reculé de sa garde-robe, pour que personne ne les aperçoive – la honte serait insupportable. Une autre ne pourra résister à l'achat de paires de chaussures entrevues dans une vitrine. Ce qui caractérise l'acheteur compulsif, c'est qu'il ne peut se contenter d'un seul achat, il achète jusqu'à l'ivresse, trois ou quatre paires de chaussures

---

Guy, l'accumulateur

Guy est un jeune homme parasité par des obsessions et des rituels de vérification. Il vit seul et passe ses moments de loisirs à courir les magasins pour acheter des jeux vidéo pour ordinateur. Il en entasse des centaines dans ses placards, son appartement en est encombré. Il se livre avec autant de frénésie à la chasse aux livres pour enfants, dans les librairies ou les braderies de quartier. Le stock accumulé est impressionnant. Guy pourrait sans peine ouvrir un commerce avec tout ce qu'il a accumulé en quelques années.

Venu consulter pour remédier à ses troubles obsessionnels, il me fait part de son comportement d'acheteur compulsif. Il ne se met pas financièrement en danger, mais ses proches sont inquiets à l'idée de la quantité d'argent dépensé. Guy essuie reproche sur reproche de la part de ses parents et de ses deux frères, qui le prennent pour un fou. Ils ne comprennent pas que Guy ne joue avec aucun de ses jeux. Il se contente de les installer une fois sur son ordinateur pour voir leur contenu, puis les remise dans une armoire. Les livres ne sont pas lus, mais rangés soigneusement dans une bibliothèque. Guy espère néanmoins trouver un jour le temps de s'occuper plus sérieusement de ses lubies. Lui-même, sous la pression de son entourage, finit par se demander si son comportement est normal.

dans la même journée, par exemple, et souvent dans le même magasin. Il ne les portera pas toutes, la plupart resteront neuves, rangées dans un placard. Il en sera de même pour les vêtements, rarement étrennés et accumulés dans les penderies puis donnés.

Une organisation de la personnalité sur un mode obsessionnel peut conduire à une relation particulière aux objets. L'obsessionnel présente une tendance au collectionnisme. Son fonctionnement psychique centré sur la rétention, la volonté de ne rien laisser échapper pour se rassurer, choses, personnes, émotions, explique l'attirance pour la collection, tentative de captation du monde environnant. C'est aussi une manière de vouloir arrêter le temps, de ralentir le voyage vers la mort.

Guy est un accumulateur, pas un collectionneur. Il n'est pas à la recherche de l'objet idéal, fleuron d'une collection. Il entasse des objets parce qu'ils représentent un potentiel de plaisir dont il espère jouir un jour. Les jeux et les livres ont une valeur affective. Il peut être qualifié de dépensier compulsif, bien qu'il veille à acheter avec parcimonie des articles bénéficiant d'une ristourne : il reconnaît ne pouvoir résister et ne ressort jamais d'un magasin les mains vides. Il lui arrive d'anticiper et de prévoir ses excursions. Il est envahi de pensées obsédantes et a besoin de se rendre dans les boutiques de jeux.

Comme tout acheteur compulsif, il se sent soulagé au retour. Par contre, s'il s'interroge sur son comportement, il ne se sent pas coupable.

Son fonctionnement obsessionnel est à l'origine de ses accumulations.

Les objets préférés des acheteurs compulsifs sont, dans l'ordre, selon Gray Christenson 1994[1] : les vêtements (96 %), les chaussures (75 %), les bijoux (42 %), les produits de beauté (35 %), les antiquités (25 %), les disques (22 %), les automobiles (17 %), les appareils vidéo ou audio, les accessoires informatiques (15 %), les livres (12 %) et les objets d'art (4 %).

À la lecture de cette liste, on comprend que les acheteurs compulsifs soient surtout les femmes : 90 % d'après Adès et Lejoyeux[2]. Les hommes, moins nombreux, semblent réaliser des achats plus importants. Une étude Ifop de 2001 a montré que 70 % des femmes se définissaient comme des cigales. Les hommes sont davantage fourmis, ils dépensent moins souvent leur argent, mais réalisent des achats plus coûteux.

En guérit-on ?

L'illusion de trouver en l'argent un remède place l'acheteur compulsif dans la répétition de

---

1. G. A. Christenson, R. J. Faber et coll. : « Compulsive buying : descriptive characteristics and psychiatric comorbidity », *Journal of Clinical Psychiatry*, 55, 1, 1994, p. 5-11.
2. Jean Adès et Michel Lejoyeux, *La Fièvre des achats,* « Les empêcheurs de penser en rond », Synthélabo, 1999.

son comportement malheureux. Chaque fois déçu par ce qui a été l'objet de sa convoitise, il se livre à une quête insatiable de ce qui pourrait mettre fin à son malaise existentiel. Selon l'importance des troubles, une prise en charge en psychothérapie est souhaitable.

Il existe des consultations spécialisées dans les hôpitaux, à Paris et en province. Des centres de traitement des dépendances ont ouvert dans

> **Dans l'enfer des dettes**
>
> Luc m'appelle au secours au lendemain d'une émission de télévision à laquelle j'ai participé. Il habite le sud de la France et ne sait à qui s'adresser pour se sortir de la situation inextricable dans laquelle il s'est placé. Les huissiers menacent de venir chez lui pour le saisir. Le montant de ses dettes est faramineux. Luc a, depuis des mois, laissé les choses s'emballer. Il a préféré la politique de l'autruche, la meilleure manière de connaître la descente aux enfers. Il se sent coupable, sa conjointe n'est au courant de rien, il est paniqué à l'idée de sa réaction, terrorisé qu'elle le quitte. Il est en détresse, pétri d'angoisse et le moral au plus bas.
>
> Je lui donne quelques conseils : aller voir un médecin traitant et prendre un traitement, le temps d'affronter la situation ; parler à son épouse, rencontrer son banquier et les créanciers, qui préféreront un arrangement à la perte de leur argent. Quelques mois plus tard, j'ai reçu un courrier touchant de sa part. Il a suivi mes conseils. La prescription d'un antidépresseur l'a manifestement aidé à lutter. Son épouse, une fois leur situation financière en voie d'amélioration, lui a imposé une période de réflexion et a vécu un moment seule. Maintenant, ils se sont retrouvés et Luc se dit définitivement guéri. Effrayé et choqué par ce qu'il a enduré et fait endurer aux siens, il s'est transformé en gestionnaire averti.

les grandes villes. Ils fonctionnent avec des équipes spécialisées dans l'abord des conduites d'addiction. Un bilan et un suivi sont toujours possibles pour les personnes estimant présenter des comportements déviants avec l'argent. Des thérapeutes, psychiatres et psychologues installés en libéral ont eux aussi été formés pour une prise en charge efficace de ce type de troubles.

Malheureusement, le dépensier consulte toujours trop tard, lorsque sa situation financière est désespérée. Les dettes se sont accumulées, le conjoint a craqué et jeté l'éponge. C'est la période des pertes, celle de la dépression, qu'il est dans un premier temps nécessaire de soigner par les traitements médicamenteux et la psychothérapie. Une fois guéri, l'acheteur compulsif, traumatisé par le souvenir du désastre, se montre bien décidé à ne plus connaître désormais un tel épisode. C'est un garde-fou souvent efficace.

Le cas de Luc n'est pas exceptionnel. Il démontre la nécessité d'une prise de conscience du problème par l'acheteur compulsif s'il désire se débarrasser de sa dépendance à l'argent. Si vous, ou un des vôtres, présentez des tendances à la dépense compulsive, n'attendez pas pour réagir. Les difficultés financières s'accumulent, regardez-les en face, cherchez le moyen de les résoudre, rencontrez au plus vite vos débiteurs, ne faites pas le mort.
Par culpabilité et par crainte des réactions de l'entourage, le dépensier garde le silence et espère résoudre seul ses problèmes. C'est un

leurre ! Il se livre à des achats abusifs pour oublier sa peur et sa culpabilité et la spirale infernale s'autoentretient. Si vous êtes concerné, révélez-vous ! Vous avez besoin de vos proches pour surmonter la crise.

La dépendance repose sur un mécanisme de perte de contrôle. Elle s'est installée sur plusieurs années, de manière subtile, par des mécanismes complexes. Comme tout sujet souffrant d'une addiction, vous avez « la tête dans le guidon » et manquez de recul. L'autre, qu'il soit un proche ou un spécialiste, aura un regard plus cohérent sur votre conduite.

Des mesures d'urgence

Maintenant que vous avez décidé d'en finir avec votre mauvaise utilisation de l'argent, établissez un plan d'action :

- Déterminez la quantité optimale d'argent dont vous avez besoin pour vivre chaque mois (loyer, EDF-GDF, téléphone, impôts, nourriture, factures courantes).
- Faites la liste des organismes et amis à qui vous avez emprunté.
- Contactez-les pour les rencontrer et déterminer un calendrier de remboursement.
- Donnez vos chéquiers et vos cartes bancaires à votre conjoint ou à une personne de confiance, décidée à vous aider.
- Évaluez la somme d'argent liquide qui vous est nécessaire à la semaine, pour vos

achats de première nécessité, cigarettes, pain, déjeuners...
- Remplacez vos expéditions dans les magasins par un loisir, la pratique d'un sport.
- Essayez d'analyser les raisons de vos comportements d'acheteur compulsif.
- Est-il souhaitable d'envisager une aide extérieure, psychothérapeute, médecin, centre de traitement des dépendances ?

Vous allez mener une lutte de tous les instants. Ne disposer que de l'argent liquide nécessaire aux besoins quotidiens évitera les tentations. Se débarrasser des autres moyens de paiement est dans un premier temps une solution de sécurité. Malheureusement, il peut arriver que votre banque ait déjà pris cette précaution. Si vous êtes placé sous interdit bancaire, pas de panique, c'est une bonne chose et dans un an tout rentrera dans l'ordre.

La pratique du sport entre dans le programme de gestion du stress que je vous recommande de respecter. Être reposé et en forme est la meilleure manière de lutter.

Quelle thérapie ?

Les psychothérapies analytiques sont un recours possible. Si les achats compulsifs visent à compenser les conséquences d'événements pénibles de l'enfance ou de l'adolescence, ils offrent l'opportunité de découvrir les facteurs psychoaffectifs qui entretiennent les comportements abusifs. Leur objectif est de vous aider à résoudre les conflits psychiques à l'origine de votre addiction. Le travail est dans ce cas long et difficile. Une simple thérapie de soutien peut aider, mais présente le risque d'être trop superficielle.

Les techniques développées par les thérapies comportementales et cognitives ont prouvé leur efficacité. L'Association française de thérapie comportementale et cognitive (AFTCC), dont le siège est à Paris, transmet sur simple demande les coordonnées des thérapeutes cognitivistes de votre région.

Une analyse du comportement

Dans une thérapie cognitive, le thérapeute commence le travail en établissant avec vous une analyse détaillée et complète des comportements posant problème : leur fréquence, les lieux de prédilection, la nature des achats, la manière dont vous les utilisez, les conséquences financières personnelles, familiales et professionnelles.

Les facteurs déclenchant les comportements sont ensuite repérés. Ils sont de deux ordres : internes, d'origine psychique ; et externes, appartenant au milieu environnant. Les facteurs internes répondent au besoin de soulager un malaise existentiel, une tristesse, une anxiété, une difficulté à vivre les moments de solitude... Ils sont en relation avec les éventuels conflits psychiques responsables de l'installation de la dépendance.

> ### Quand Élie se sent humilié
>
> Élie est le deuxième d'une fratrie de trois enfants. Il a reçu de ses parents une éducation stricte et exigeante. Réussir était une obligation pour son père. Ses frères se sont lancés avec succès dans des carrières médicales couronnées par un titre de professeur agrégé, comme leur père. Élie est un artiste. Il est professeur dans une école des beaux-arts. Peu porté sur les matières scientifiques il a été très tôt l'objet de railleries de la part de ses parents. Il s'agissait vraisemblablement de manœuvres de manipulation visant à lui faire prendre le droit chemin de la médecine. Peine perdue, obstiné, il a réussi et est actuellement un peintre reconnu. Les moqueries n'ont pourtant jamais cessé. Élie en a beaucoup souffert. La thérapie lui a fait prendre conscience que cette désapprobation parentale était à la source de ses conduites de dépensier excessif. Les conséquences de l'attitude de ses parents à son égard font qu'Élie ne cesse de douter de lui. En analysant sa situation de dépendance à l'argent, nous avons ensemble repéré que ses frénésies d'achats survenaient chaque fois qu'il se sentait humilié ou disqualifié. D'estime de soi basse, Élie ressent un profond malaise lorsque sa personne est mise en cause. Il s'attribue inutilement les raisons d'un échec dû à des circonstances indépendantes de lui. Lui en faire prendre conscience et l'aider à agir pour s'estimer à sa juste valeur a permis de mettre progressivement fin à ses débordements.

Les facteurs externes se rapportent aux signaux qui déclenchent l'envie de dépenser. La publicité, les vitrines de magasin, les sollicitations d'une émission de téléachat, le shopping et les enchères sur Internet en sont des exemples. De même, les querelles conjugales, l'échec professionnel, les soucis quotidiens qui génèrent des frustrations, des dépits que les dépenses viennent soulager. Encore une fois, nous connaissons tous ce type de réflexe qui consiste à s'offrir un cadeau comme une douceur destinée à apaiser un chagrin, une déception ou un moment de solitude. Mais le fait demeure rare et la dépense, maîtrisée, reste dans les limites de nos capacités financières. L'achat compulsif est, lui, fréquemment répété et il est le fruit d'une perte de contrôle.

La chasse aux cognitions erronées

Les cognitions erronées sont des représentations fausses qui entretiennent les comportements néfastes. Par exemple, l'argent vécu comme le seul moyen d'afficher un pouvoir : le sujet se livre à une quête du « toujours plus » de dépenses pour afficher sa dominance. Ou encore, l'argent condition *sine qua non* du plaisir : l'individu est incapable de trouver en lui la manière d'occuper ses temps libres ; pour éprouver l'équivalent du plaisir que d'autres trouvent en restant paisiblement chez eux à lire, écouter de la musique, discuter entre amis ou en pratiquant un sport de détente, il se rend dans les magasins et dépense son argent. Activité fugace, futile et pour lui lourde de conséquences.

Le travail thérapeutique permet de comprendre les liens existant entre l'addiction et les cognitions erronées. La restructuration cognitive et la résolution de problème sont des méthodes utilisées en thérapie cognitivo-comportementale pour les repérer et les chasser. Le but est de donner à l'individu des représentations réalistes et cohérentes.

Des croyances irrationnelles

Des systèmes de croyances en l'argent pérennisent les comportements dépensiers. Les acheteurs compulsifs présentent un fort degré d'adhésion à ces croyances irrationnelles. Elles sont multiples et conditionnent l'existence du sujet dépendant. En voici quelques exemples :

- Seul l'argent permet d'obtenir le respect et l'admiration.
- Dépenser me permet d'être bien.
- Plus je dépense, plus je suis riche, plus j'existe aux yeux des autres.
- Être au top dans ma présentation, quitte à acheter chaque semaine de nouvelles tenues, est la seule façon d'être reconnu comme compétent dans mon activité professionnelle.
- Il faut acheter sans réfléchir, sous peine de louper une affaire...

Il est essentiel de répertorier ces croyances pour s'en débarrasser. J'ai l'habitude d'inciter mes patients à tenir un journal. Ils notent sur une grille d'observation les circonstances de leurs achats, lieux, moment de la journée... Ils sont invités à décrire les sensations et émotions ressenties, avant, pendant et après les dépenses. Les pensées et les raisonnements sont relevés. L'analyse de la grille permet de répertorier les croyances irrationnelles et les déclencheurs des actes compulsifs.

La restructuration cognitive

C'est une méthode utilisée pour remettre en question les cognitions et croyances erronées. Le sujet a pris conscience des causes de ses comportements addictifs, il doit agir pour les amenuiser ou s'en débarrasser. Les objectifs sont définis en commun au début de la prise en charge.

Un programme de tâches à réaliser est établi au fur et à mesure des séances. Il est destiné à aider le sujet à prendre le contrôle de ses compulsions et à entretenir une hygiène de vie adaptée. Si une mauvaise gestion du stress est en rapport avec la dépendance, un entraînement à la relaxation peut être proposé.

Des stratégies sont élaborées pour aider à la modération... Une synthèse des activités depuis la séance précédente est effectuée durant les premiers instants de chacune de nos rencontres. C'est ce temps du travail qui permet l'application de la restructuration cognitive.

> **« Je passe pour un imbécile aux yeux des autres ! »**
>
> Élie s'étant retrouvé très endetté, nous avons décidé ensemble que sa compagne lui donnerait chaque jour l'argent liquide dont il avait besoin pour la journée. Cette décision s'appliquerait tant qu'Élie serait incapable d'exercer un relatif contrôle de ses dépenses. La séance qui a suivi la première période respectant cette consigne, Élie est arrivé très en colère.
> — Je ne supporte pas ça ! Je passe pour un imbécile aux yeux des autres ! lance-t-il.
> — Quels autres, Élie ? Je pensais qu'il me parlait de sa femme.
> — Les commerçants, les collègues...
> — Pourquoi ? Vous les avez mis au courant de votre problème ?
> — Bien sûr que non. J'aurais trop honte.
> — On vous a fait des remarques, vous avez manqué d'argent ?
> — Non, on a bien calculé notre coup, je ne me suis jamais retrouvé en difficulté. Mais ils doivent se moquer !
> — Comment le pourraient-ils, s'ils ignorent tout de vos comportements et que vous ne vous soyez jamais retrouvé à court d'argent ?
> Élie ne peut me répondre. Je lui explique qu'il projette dans le regard des autres son incapacité à assumer qu'il n'est pas nécessaire d'avoir en poche des moyens de paiement habituels ou une forte somme d'argent liquide, comme il en avait l'habitude, pour avoir la sensation d'exister et d'avoir de la valeur. S'ensuit un travail sur la valeur de l'argent et l'estime de soi. C'est un court exemple de ce qui se fait en séance.

Acheter à nouveau

Si le drogué ou l'alcoolique se doivent de respecter une abstinence totale après le traitement, il ne peut être demandé à l'acheteur compulsif de ne plus dépenser d'argent. La psychothérapie ne peut viser à amener l'individu à ne plus acheter. Il doit réapprendre à utiliser l'argent. En dehors des achats utilitaires, il doit pouvoir continuer à se faire plaisir. La thérapie vise à replacer l'argent à sa juste place, à lui ôter les pouvoirs illusoires dont le sujet l'investissait.

La prise en charge psychologique favorise une évolution de la personne et une remise en question de son fonctionnement avec l'argent. Une fois débarrassé des valeurs irrationnelles que le dépensier compulsif lui attribuait, l'argent retrouve sa véritable fonction : assurer les besoins de l'existence et assouvir de manière cohérente les désirs.

IX

ARGENT, JEU ET JEUX D'ARGENT

Il ne s'agit pas ici de dresser un portrait psychologique du joueur et du joueur pathologique. De nombreux auteurs se sont penchés sur la question. Des joueurs célèbres, tels que Sacha Guitry, Françoise Sagan, Philippe Bouvard ou Dary Cowl, ont décrit leur enfer ou leur paradis[1]. Je vous propose de nous intéresser davantage aux rapports entre le jeu et l'argent.

Les jeux d'argent, une histoire ancienne

Les Chinois inventèrent le dé, mais, à l'époque des pharaons, on y jouait aussi. Les Hébreux usaient d'os d'animaux pour s'adonner à ce sport. Plus sophistiqué, le jeu de cartes naît à la Renaissance et déchaîne les passions à la Cour et dans la rue.

---

1. Philippe BOUVARD, *Joueurs, mes frères...*, Robert Laffont, 1999 ; Darry COWL, *Le Flambeur*, Robert Laffont, 1986.

Dans beaucoup de civilisations anciennes, la pratique des jeux d'argent était chose courante. Les Hébreux pariaient sur des courses de pigeons. Les Indiens de l'ère précolombienne s'affrontaient entre tribus au potlatch, ancêtre des jeux de balle, en mettant en jeu leurs richesses.

La loterie nationale, créée en 1933, trouve son origine en Angleterre en 1566. La première machine à sous est mise au point en 1895, aux États-Unis. Construite par un obscur mécanicien, la Liberty Bell fut le prototype des bandits manchots, qui font aujourd'hui la fortune des casinos et le malheur de bien des joueurs. Quant aux courses de chevaux, elles sont une institution dans de nombreux pays.

Bref, le jeu d'argent existe depuis toujours et continue à fasciner les hommes. Ces dernières décennies l'ont vu se développer sous des formes multiples, du jeu de grattage au boursicotage sur le Net.

Un plaisir et une évasion

Si le jeu présente un tel attrait, c'est parce qu'il procure le plaisir illusoire de la fuite du réel, des tracas et des malheurs de la vie quotidienne. Ceux qui ont assidûment fréquenté les salles des casinos décrivent bien la griserie qui s'empare du joueur. Griserie provoquée par un univers de strass, de lumières, de rêves rendus accessibles par d'hypothétiques gains mirobolants. Ainsi, à Las Vegas, lieu mythique s'il en est, l'argent regorge de partout, au travers de décors clinquants dressés pour susciter un monde imaginaire et puéril, une néoréalité. Dans cette atmosphère irréelle, le joueur ne peut qu'être pris par la fièvre du jeu. Tout n'est là que futilité, en témoignent les sommes gagnées et aussitôt redépensées pour des plaisirs immédiats et passagers. Rares sont ceux qui reviennent plus fortunés de ces endroits. Les accros à la roulette ou au baccara ne cherchent pas seulement la fortune, ils viennent s'enivrer de l'ambiance des salles de jeu.

Ils se donnent aussi l'impression d'appartenir à une élite, les salles de jeu étant autrefois peu fréquentées par les classes pauvres. Par souci de lucre, le jeu d'argent s'est démocratisé, mais se rendre dans un casino reste auréolé d'une certaine féerie. Pénétrer dans un temple du jeu vous donne l'allure d'une personne riche.

L'argent et le jeu

En France, le rapport annuel de la Française des jeux[1] avançait, pour l'année 2000, la participation de 33 millions de Français. Les jeux préférés sont le Loto et les jeux de grattage. Parmi les plus de 16 ans, 70 % achètent régulièrement un jeu de grattage. Associées aux Loto, tiercé et PMU (6,17 milliards d'euros d'enjeux en 2001),

---

1. Voir le site Internet de la Française des jeux : www.fdjeux.com.

les dépenses réalisées représentent une manne considérable. En 2000, la Française des jeux a réalisé un chiffre d'affaires net, après imposition et intéressement, de 78 millions d'euros (510 millions de francs) ! L'État a prélevé 1,75 milliard d'euros et 58 % environ ont été redistribués sous forme de gains aux joueurs. Le reste revient à la Française des jeux et à son réseau de distribution.

La progression est constante d'une année sur l'autre. Il y a de plus en plus de joueurs. La mise hebdomadaire par habitant est de 2 euros ; ramenée aux seuls joueurs, elle est supérieure à 4 euros. Les joueurs de la Française des jeux sont principalement des retraités, des ouvriers et des gens issus des professions intermédiaires.

Les jeux de grattage, avec leur système de petits gains aussitôt réinvestis par les gagnants, remportent un franc succès. Pourtant, les chances de gagner sont faibles : 1 chance sur 9 000 environ aux jeux de grattage tels que le Banco, pour des sommes entre 150 et 750 euros. Même si, au Loto, les gros lots non remportés sont remis en jeu dans des cagnottes fabuleuses, la Française des jeux est loin de la banqueroute !

Depuis quelques années se développe dans les cafés la pratique des jeux de hasard aux tirages immédiats. Les consommateurs misent sur des séries de numéros et, tous les quarts d'heure, les résultats des tirages sont affichés sur des écrans de télévision. Les chômeurs et les retraités, qui traînent leur ennui dans les débits de boissons, sont les principaux amateurs de ces jeux qui rapportent eux aussi des chiffres d'affaires considérables à la fois aux organismes qui les gèrent et aux cafetiers.

L'argent du jeu, un argent sale

Pour des raisons religieuses, bien des civilisations bannissent le jeu. La religion chrétienne, par exemple, le considère comme un péché. La tunique du Christ fut jouée aux dés par les légionnaires romains. L'argent gagné au jeu est un argent sale, damné. Les jeux d'argent ont été longtemps associés à la débauche. La plupart des maisons closes possédaient un tripot. Actuellement, les jeux d'argent sont autorisés dans les casinos et interdits dans la rue ou dans les salles obscures des débits de boissons. Or chacun sait que la gestion des casinos a été le monopole d'organisations mafieuses. Jeux d'argent et monde de la pègre ont été étroitement mêlés.

Remporter la cagnotte du Loto ne fera pas de vous un homme respectable aux yeux de vos contemporains – je m'en explique au chapitre « Et soudain, la fortune ! ». La richesse acquise au jeu ne brille qu'aux yeux des gens intéressés et des parasites qui tournent autour. Devenir riche au casino reste suspect, l'argent des casinos ayant, dans l'esprit des gens, une origine frauduleuse.

À cela s'ajoute le fait que les joueurs endettés n'hésitent pas à recourir à des moyens illégaux pour couvrir leurs dettes. Une récente étude[1], menée dans un État des États-Unis auprès d'une population de joueurs dépendants, a démontré que 80 % d'entre eux avaient eu recours à des moyens illégaux pour couvrir leurs dettes : détournements d'argent, chèques sans provision, emprunts non remboursés... Le joueur endetté est un quémandeur potentiel de votre porte-monnaie. Il n'est donc pas étonnant qu'il jouisse d'une mauvaise réputation.

Du plaisir au besoin

Nul doute que le plaisir est, au départ, la raison essentielle qui pousse un individu à jouer. Qui, au travail, n'a pas été sollicité un jour par ses collègues pour jouer en groupe au Loto ou au tiercé ? Qui n'a pas été tenté, en achetant des cigarettes, un journal ou des timbres, de risquer sa chance à un jeu de grattage ? Les personnes interrogées sur leurs motivations à l'achat d'un de ces jeux déclarent pour la plupart s'être livrées pour la première fois à ce petit plaisir lors d'un week-end, durant des vacances ou des temps libres et que, progressivement, l'habitude s'est installée. Le rêve du gain potentiel est l'appât principal du jeu. Quel que soit le jeu d'argent, l'espoir de décrocher un pactole est la première raison avancée.

---

1. Citée par ADÈS et LEJOYEUX, *Encore plus ! Jeu, sexe, travail, argent*, op. cit.

En psychologie, le gros gain représente un renforcement positif. Ce concept est issu des théories de l'apprentissage. Skinner, à la suite des travaux du psychologue russe Pavlov, a démontré qu'une bonne partie de nos comportements était issue d'un conditionnement renforcé. Pavlov avait, lui, démontré la théorie de l'apprentissage classique. Si l'on fait retentir une sonnette chaque fois que l'on présente un plat de viande à un chien, ce dernier finit par saliver à chaque sonnerie, même si on ne lui présente pas sa gamelle.

Chez l'homme, le fait d'obtenir une récompense (un bon point à l'école, un salaire...) incite à renouveler une action donnée. La récompense qui induit la répétition d'un comportement est appelée un renforcement positif. La diminution de la fréquence d'apparition d'un comportement est provoquée par un renforcement négatif, ou punition.

Le gain au jeu représente une récompense. Mais l'espoir du gain lui-même est un renforcement positif. Bandura, psychologue américain, reprenant les travaux de Skinner, a mis en évidence l'importance chez l'humain des attentes de résultat. Nous reproduisons telle ou telle conduite dans l'espoir de recueillir une satisfaction. Cette gratification peut n'être que sociale – un sourire, un compliment –, pas forcément palpable. Le rêve, la puissance représentée par un gros rapport entretiennent la répétition du jeu. Chez certaines personnes ce phénomène peut aller jusqu'à la dépendance. Le fait de gagner importe, le fait d'espérer gagner est tout aussi important. Une équipe de psychologues américains a démontré que, si la plupart d'entre nous ont tendance à abandonner ou à diminuer leur mise en cas de pertes répétées, le joueur pathologique reste convaincu qu'il peut réussir à gagner et continue inlassablement. C'est facilement observable chez les adeptes des machines à sous. Il vous est sûrement arrivé de jouer et, malgré le gain encourageant de quelques jetons, vous avez fini par vous lasser et abandonner. Le joueur dépendant ne peut exercer ce contrôle, il persévère, persuadé que le « gros coup » va venir.

Après un gain qu'il juge important, le joueur dépendant a tendance à ralentir le rythme de ses mises. C'est une phase dite de pause, après un renforcement, qui dure peu de temps. En effet, s'il continue à miser, même si les pertes s'accumulent, il est repris à un moment donné par l'attente d'un prochain gain et augmente de nouveau le rythme de ses mises. Au jeu de grattage, ce phénomène est évident. Les gains sont modestes, mais le fait de gagner laisse espérer un possible pactole. Ces jeux sont d'ailleurs organisés de façon que vous puissiez remporter quelque chose, souvent un gain modeste. Le simple remboursement du ticket suffit à entretenir l'espérance.

L'extinction, c'est-à-dire l'arrêt du comportement d'achat ou de mise, est difficile à obtenir. Si les pertes se répètent durablement, vous n'achetez plus de ticket. Puis un jour, l'espoir vous reprend et vous retombez dans le système, ou vous changez de jeu. C'est la raison pour laquelle la Française des jeux en réinvente en permanence.

Le système est performant et certains développent une addiction. Ils deviennent dépendants du plaisir éprouvé et ne peuvent s'arrêter. Ils restent à l'affût de tout nouveau jeu et dépensent des sommes énormes pour quelques secondes de grattage, comme les grands joueurs de casino. J'ai reçu au cabinet un jeune homme qui dépensait chaque mois l'équivalent de mille euros en jeux de grattage et au Loto sportif. Il mettait en péril le budget de son jeune ménage mais était incapable, malgré les réprimandes de son entourage, de se contrôler. Il se disait persuadé, à chaque acquisition d'un ticket, de parvenir « à décrocher la timbale ».

Le jeu du boursicotage sur le Net fonctionne sur le même modèle et le Net Addict se répand parmi notre population. Les quelques gains remportés grâce à une heureuse transaction vous placent dans ce système d'attente du gros coup à venir. Comme pour n'importe quel jeu d'argent, l'arrêt ou « l'extinction » de ce comportement malheureux ne se fait, pour les sujets dépendants, qu'après un échec cuisant. Et souvent, après une période d'abstinence, le joueur rechute et la spirale infernale reprend de plus belle.

La recherche de sensations fortes

L'ivresse ressentie par les grands joueurs n'est pas uniquement liée à l'espérance du gros gain. L'argent n'est pas tout. La recherche de sensations fortes est aussi une des raisons de leur funeste pratique. Le joueur pathologique ressent en jouant une euphorie qui, à elle seule, peut expliquer l'installation de la dépendance. Rappelons, à ce sujet, les travaux de Zuckerman[1], abordés dans le chapitre sur la dépendance. Si l'on reprend les témoignages de certains grands joueurs, on s'aperçoit que cet effet neurobiologique, comparable à celui des opiacés, est fréquemment décrit.

Le jeu devient alors une sorte de thérapeutique. Le joueur passionné cherche au travers du jeu à fuir une réalité pénible à vivre. En cas d'état chronique de stress, de dépression, l'ivresse du jeu représente le moyen d'échapper à un vécu pénible, tout comme l'alcool ou la drogue. Le recours au jeu tend à venir compenser les affects dépressifs par des émotions positives, quoique fugaces.

Robert Ladouceur[2], psychiatre canadien, a étudié le phénomène du jeu chez des sujets déprimés. Envahis d'idées noires et devenus incapables de croire en quelque chose, ces derniers se reporteraient, par compensation, sur des systèmes de croyances liés au hasard. Le dépressif subit sa pathologie. Il se sent incapable de lutter pour s'en sortir et il en vient à placer ses espérances sur des éléments de superstition ou de croyances irrationnelles. Il s'en remet au

---

1. *Op. cit.*
2. Robert LADOUCEUR, « Le Jeu pathologique », *Dépendances,* 1991, 3, p. 5-14.

destin et tente de l'influencer par des prières, des actions magiques. Le jeu lui offre la possibilité de connaître les bienfaits du hasard.

Le jeu, une drogue

Marc, trente ans, est très déprimé au moment où je le rencontre pour la première fois. Jeune commercial libre d'organiser son emploi du temps, Marc s'est mis à fréquenter de plus en plus assidûment les salles de jeu. La roulette est devenue une obsession. Il a perdu de fortes sommes qu'il compensait par des crédits revolving dont les remboursements ont atteint au fil du temps des sommets. Marc s'est trouvé surendetté. Marié depuis cinq ans, il n'a jamais révélé son vice à sa jeune épouse qui, lorsqu'elle a découvert fortuitement les choses, a décidé de partir, emmenant avec elle leur petit garçon.

Marc a tout perdu, famille, argent, maison et surtout l'estime de ses proches. Après une période d'abstinence pendant laquelle s'est installé un état dépressif majeur, il s'est à nouveau rendu au casino. Il ne joue plus à la roulette, mais dépense le peu d'argent qu'il possède dans les machines à sous. Marc ne croit plus en rien, il a des idées noires et avoue avoir attenté à ses jours, heureusement sans succès.

Il me décrit très bien l'ivresse qui s'empare de lui chaque fois qu'il actionne le levier. Il déclare ne parvenir à sortir de son état dépressif que dans les moments où il joue. « Je redeviens moi-même, je redeviens quelqu'un. Et puis, je crois que quelque chose va se passer qui me redonnera l'envie et les moyens de vivre. J'éprouve ça chaque fois que je commence à jouer. C'est devenu une drogue, mais pas comme avant avec la roulette, c'est différent. Je ne cours pas après le gros lot, j'espère autre chose, un miracle pour m'en sortir... »

Marc risque de s'enfoncer à nouveau dans sa dépendance. Seul, démuni, incapable de réagir, il se retourne vers ce qui lui donne l'impression d'exister : le jeu. Illusoirement, la machine à sous est là pour restaurer une estime de soi maintenant au plus bas. La thérapie consistera à l'aider à se restructurer par lui-même, sans le recours à un substitut dangereux. Ses rapports à l'argent se résument à la peur du manque qui l'empêcherait de jouer.

Le jeu est peut-être aussi pour lui une sorte de recherche du suicide en raison de la culpabilité liée à l'échec qu'est devenue sa vie. Les psychanalystes expliquent la dépendance au jeu comme la volonté inconsciente de se punir. Des traumatismes infantiles, deuils, maltraitances, séparations, occasionneraient l'expression ultérieure d'une pulsion de destruction. Le sujet se servirait du jeu pour se perdre. L'argent est dilapidé afin de mourir socialement, ne plus exister.

Par ailleurs, le jeu représente une illusion de contrôle. Le joueur à la roulette élabore des martingales, l'utilisateur de machine à sous actionne le levier d'une manière donnée, persuadé qu'elle lui est favorable. Les habitués des bandits manchots ont leur machine favorite qui leur porte chance. Les effets biologiques, combinés à ces mécanismes psychologiques de pensée magique et d'illusion de contrôle, expliquent l'attrait du jeu chez les déprimés.

Les sensations fortes sont à tel point recherchées par le joueur dépendant que beaucoup expliquent que l'une des phases favorites du jeu est la dernière mise. Ils vont placer sur le tapis l'argent qu'il leur reste, au risque de se retrouver fauchés et ce moment est décrit comme jouissif. Plus l'enjeu est important, plus les sensations seront intenses. L'argent du jeu n'est pour eux que secondaire. Il représente le moyen de rejouer et de revivre les emportements, l'euphorie ainsi créés. À la roulette, le moment où la boule roule avant de s'immobiliser est pour le joueur un instant de plaisir ineffable. Cela peut être identique à ce que ressentent certains dépensiers compulsifs réalisant un achat au-dessus de leurs moyens.

L'argent n'est pas l'élément essentiel de l'addiction, mais un vecteur pour accéder à la sensation forte. L'argent du jeu exerce à la fois attraction et répulsion, mais sa fascination est toujours d'actualité. Plus de la moitié des Français sont attirés par le jeu et le rêve qu'il suscite.

La thérapie du joueur

Certains joueurs parviennent à se contrôler en se faisant interdire l'entrée des casinos. Cela suffit rarement à mettre fin à ce comportement addictif. Le jeu pathologique est une indication de psychothérapie. La prise en charge est longue et difficile. Les thérapies cognitives et comportementales sont efficaces dans le traitement du jeu pathologique. Les techniques employées s'assimilent à celles utilisées dans le traitement des sujets présentant une addiction : achats compulsifs, alcool, tabac, drogues...

Il existe des centres spécialisés pour venir en aide aux sujets dépendants du jeu. Des associations de joueurs anonymes se sont créées dans pratiquement toutes les régions. Il est facile de les joindre par Internet.

X

LES TOUJOURS PLUS !

Accros à la réussite, bourreaux de travail ou endettés chroniques devenus forcenés du crédit revolving, ils ont en commun de ne jamais en avoir assez. Il leur en faut plus, toujours plus. Ils sont dépendants de l'argent, parfois sans le savoir. Leur vie est rythmée par leur obsession.

Les obsédés de la réussite

Il y a ceux qui ne parviennent pas à dépenser leur argent, les avares et les radins, et ceux qui sont obsédés par la réussite sur le plan financier. Ils en veulent toujours plus, même si la chance leur a déjà souri et qu'ils peuvent s'estimer riches. C'est une des caractéristiques communes à bien des gens fortunés que de n'être jamais totalement satisfaits. La réussite est là, leurs affaires prospèrent, mais ce n'est pas suffisant. Il est vrai que vous trouvez toujours plus riche que vous.

Ces personnes ont sans cesse des idées nouvelles pour développer leur entreprise ou en créer une autre. À l'instar du dépensier compulsif ou du joueur dépendant, l'obsédé de la réussite financière a besoin de se projeter dans un avenir encore meilleur. Il se rassure en s'imaginant atteindre un monde de possessions qui le mettra à l'abri du manque jusqu'à la fin de ses jours.

L'argent est pour lui la solution à tous les problèmes. Alors, pour en posséder, il se lance dans des affaires toujours plus faramineuses. Il s'enivre de ce que tel ou tel business va lui rapporter. Il est persuadé de pouvoir enfin réaliser des projets grandioses. La réussite n'est, hélas, pas toujours là et le retour à la réalité est douloureux. Amer, le sujet tombe aisément dans le piège de la revanche : « Ils vont bien finir par comprendre qui je suis… Je vais leur montrer ce dont je suis capable… »

Il développe ainsi un système de croyances par rapport à l'argent qui installe la dépendance. Il voit en lui le moyen de prouver à tous sa valeur dans un esprit de revanche. L'argent forcera l'entourage à être fier de lui, à lui témoigner affection et admiration.

Une quête éperdue de reconnaissance

David vient consulter à la suite de sa séparation d'avec sa seconde épouse. Il a quarante-cinq ans et ce nouvel échec conjugal lui fait vivre une crise existentielle. Il se remet en question. Pas seulement sur le plan affectif, mais aussi sur le plan professionnel. Responsable d'une entreprise florissante, il pourrait estimer avoir réussi. Il n'en est rien. David n'est pas satisfait. Malgré les dires de ses deux associés, il considère

> que l'affaire n'a pas atteint les objectifs attendus et désire encore la développer. Pourtant, en cinq ans, la clientèle a quadruplé, le personnel et les revenus aussi. Devant les réactions de son entourage, il se demande si cette attitude du « toujours plus » est normale.
> David a créé avec succès trois autres entreprises qu'il a revendues en empochant chaque fois le pactole. Il est donc riche et à l'abri du besoin. Il a connu un seul échec. Deux ans auparavant, il a créé avec un associé une affaire dans laquelle il a investi des sommes importantes, en grande partie empruntées à son père. L'associé s'est révélé incompétent et négligent et, par sa faute, l'entreprise a capoté. David s'est senti coupable d'avoir entraîné son père dans cette aventure. Pourtant, ce dernier ne lui a fait aucun reproche, ils n'en ont même pas parlé. David déclare avoir mal vécu cette indifférence paternelle. Il reproche à son père de n'avoir rien fait pour rencontrer l'associé afin d'user de son âge et de son expérience pour le ramener à la raison. Il n'a pas bougé, n'a rien dit, n'a eu aucune réaction lors du dépôt de bilan.
> David m'explique que cette attitude est le reflet de l'éducation reçue par un père absent qui ne s'est jamais intéressé à ses enfants. Il n'a pas le souvenir d'une seule conversation sérieuse avec lui, comme au moment du choix de ses études. Jusqu'à présent, il n'a reçu ni encouragement ni réprimande pour ses succès ou ses échecs.

David, l'insatisfait, ne cherche-t-il pas au travers de son instabilité la reconnaissance de quelqu'un ? Celle de son géniteur, évidemment.

Le père est le personnage qui donne la confiance pour aller de l'avant, affronter le monde extérieur. Symboliquement, le fils doit « tuer » le père, c'est-à-dire faire mieux, le dépasser. Un père peut être encourageant, montrant à son fils qu'il croit en sa réussite. Ce dernier acquiert alors de la confiance en lui, une bonne estime de soi. Cela donne des individus qui osent et ont une juste appréciation de leur valeur.

Certains pères refusent plus ou moins inconsciemment de se laisser dépasser et cherchent à disqualifier leurs fils qui se dévalorisent et doutent. Ceux-ci connaissent beaucoup d'échecs ou se réfugient dans une existence sans risque, offrant avant tout la sécurité.

D'autres pères se montrent indifférents. Les enfants ont l'impression qu'ils ne comptent pas, qu'ils ne sont pas aimés. En conséquence, ils renoncent et s'engagent dans des carrières ne correspondant pas à leurs capacités réelles. Ils s'ennuient et peuvent même traîner un état dépressif chronique. Ou alors, en réaction, ils se lancent dans des entreprises toujours plus osées, réalisant « une course à l'échalote », un comportement proche du donquichottisme. Ils cherchent l'approbation et l'admiration du père manquant.

C'est le cas de David, dont le « toujours plus » exprime ce besoin de reconnaissance d'un père pour lequel il a la sensation de ne pas exister. La thérapie visera à amener David à vivre pour lui et les siens, en renonçant à attendre de son père ce qu'il n'est pas en mesure de lui donner. David doit se dégager de l'influence de ce dernier. Ce qui ne signifie pas que son père n'a aucune affection pour lui. Par sa propre histoire, celui-ci est incapable d'exprimer ses sentiments. Il est davantage un père maladroit qu'un parent indigne. David doit apprendre à tenir compte des signes de reconnaissance que lui adresse son entourage actuel.

La quête du « toujours plus » de réussite trouve son origine dans une faible estime de soi que le sujet entretient malgré lui. Bien que capables d'entreprendre avec succès, les sujets qui en souffrent recherchent désespérément dans le regard d'autrui l'admiration qu'un ou des parents n'ont pas su leur montrer. Chaque réussite remplit en vain un manque que rien ne comble, comme le tonneau des Danaïdes. L'argent représente l'amour et le respect. Réussir, c'est forcer les autres à aimer et respecter.

Paradoxalement, les accros à la réussite peuvent apparaître comme des individus imbus de leur personne, vaniteux. Cette attitude est compensatoire et superficielle. Au plus profond d'eux-mêmes le doute persiste et ils connaissent des moments de déprime et de dévalorisation. Ils ont tellement besoin de se sentir admirés qu'ils n'ont de cesse d'en rajouter. Ils passent rarement leurs succès sous silence et ne supportent pas l'indifférence. Or, par réaction face à cette vanité, nous avons tendance à nous détourner et à ne pas percevoir leur souffrance intérieure, pourtant bien réelle.

Les échecs rencontrés provoquent d'amères remises en question et une grande souffrance psychique. Ils s'écroulent. La dépression qui les étreint est un signal d'alarme. Il faut être attentif et savoir conseiller l'ami ou le proche qui présente un tel comportement. La solution passe par la psychothérapie, nécessaire à la prise de conscience qui anticipera un fonctionnement plus adapté.

Les bourreaux de travail

Ils fonctionnent suivant le même mode. La réussite n'est pas forcément le but recherché. Travailler permet de gagner de l'argent, de ne pas manquer et d'être respecté. Les honneurs ne comptent pas pour ces « dépendants » du travail. On peut effectivement parler de dépendance au travail. Un écrivain américain a créé le terme de *workaholic* pour désigner cette addiction. Lui-même victime de ce comportement excessif, il fait un parallèle avec les sujets alcooliques pour exprimer cette relation quasi pathologique au travail.

Des travaux récents, en particulier ceux d'un psychologue américain, Bryan Robinson, publiés en 1998[1], ont bien décrit la maladie psychologique dont souffrent les *workaholics*. Ce sont des individus recherchant dans le travail l'épuisement et le surmenage qui atténuent leurs angoisses. Ils se sentent mal dans l'inaction. Ils ne parviennent pas à se reposer sans éprouver un sentiment de culpabilité, une impression de perte de temps. Là encore, l'excès de labeur procure des sensations fortes qui agissent comme un véritable excitant. On peut

---

1. Bryan ROBINSON, *Chained to the Desk. A Guide Book for Workaholics*, New York University Press, 1998.

parler de drogués du travail. Ces sensations fortes sont procurées par la souffrance rencontrée. Cette dernière cautionne pour eux la qualité du travail réalisé et participe en quelque sorte à restaurer une estime de soi défaillante. Je travaille, je souffre, cela prouve que je suis compétent et performant. On va en conséquence me respecter.

Dans cette frénésie du toujours plus de travail, le *workaholic* trouve une identité et un sentiment de reconnaissance. L'argent n'est pas l'objectif principal. Les honneurs non plus, puisqu'ils sont considérés comme non mérités et n'apaisent en rien le malaise du *workaholic* qui augmente sa cadence pour s'en montrer digne. Les remontrances de la hiérarchie ont bien sûr le même effet. Il faut se battre pour restaurer son image et ressentir l'apaisement que procure l'excès de travail.

Le stress inhérent à ce comportement abusif provoque l'apparition de troubles physiques et psychiques. Le syndrome d'épuisement professionnel ou *burn out* les guette. Le travailleur compulsif est perpétuellement fatigué, souffre de douleurs diverses, ne parvient plus à se concentrer, ne dort plus ou mal, devient irritable, agressif et colérique. Il n'a pas conscience de ses excès et persévère jusqu'à l'accident de santé.

Le drogué du travail n'est pas un dépendant à l'argent, bien qu'il soit souvent, et à tort, considéré comme tel par l'entourage. Les gens dissocient difficilement frénésie de travail et recherche de la réussite financière. Les individus qui s'investissent sans compter dans le travail pour gagner plus d'argent le font de manière plus tempérée et n'éprouvent pas le même plaisir à travailler. Ils s'adonnent à cet excès pour des périodes limitées dans le temps et n'apprécient pas le surmenage et l'épuisement engendrés. Il est difficile, voire impossible, d'avoir avec eux des conversations qui ne soient pas centrées sur l'argent. Les obsédés de la réussite financière ne pensent qu'à cela, nuit et jour. Les *workaholics* font de même pour leur travail. Il ne sert à rien de leur demander les raisons de leur acharnement professionnel, ils sont incapables de formuler une explication. Ils agissent, mus par le besoin impérieux et compulsif de combler un manque sur lequel ils ne peuvent mettre des mots. Il s'agit d'un manque d'estime de soi qui n'a que peu de rapport avec l'argent. On a souvent la surprise d'apprendre que le *workaholic* touche un salaire dérisoire. Et s'il est l'objet de récriminations de la part de l'entourage, le drogué du boulot n'en a cure.

La thérapie du *workaholisme* repose sur la nécessité de différencier vie professionnelle et vie privée. L'individu apprend à compartimenter sa vie, le bureau d'un côté, la famille, souvent en souffrance parce que négligée, de l'autre. Je l'invite à éviter les conversations centrées sur le travail avec les amis et les proches. Il doit devenir capable d'oublier le travail, une fois la porte du bureau fermée. Parallèlement, une restructuration des croyances irrationnelles

va lui permettre de mieux se connaître et d'accepter de s'occuper davantage de lui-même et des siens. Les cognitions erronées sont nombreuses. En voici quelques-unes :
- Il est nécessaire de souffrir en travaillant, sinon les performances ne comptent pas.
- Je dois travailler beaucoup, sinon je suis un paresseux.
- Je travaille, c'est la seule manière d'exister, le travail me procure une identité.

Ces distorsions ou raisonnements erronés sont repérés puis critiqués et remaniés. Une représentation cohérente du travail et de la façon de se situer par rapport à lui est la condition nécessaire à la disparition des comportements de dépendance.

Une gestion du temps personnel est également abordée. Le *workaholic* doit découvrir le monde des loisirs et du repos réparateur par la pratique d'activités sportives et/ou culturelles. Le plaisir peut être procuré par autre chose que le travail, partager du temps avec sa famille par exemple.

Les accros au crédit

En septembre 2002, les pouvoirs publics ont eu à gérer un million de dossiers de surendettement. Les organismes de crédits revolving ou crédits faciles ont sans doute une responsabilité dans ce phénomène social. Il est impossible d'ouvrir un magazine de grande diffusion sans tomber sur une publicité vantant les mérites d'un accès rapide, et presque sans condition, à des sommes fabuleuses aux yeux de leurs emprunteurs. C'est en effet en majorité les gens issus des classes modestes qui usent de ce moyen de réaliser des rêves jusqu'alors inaccessibles en raison de leurs faibles revenus. Le client de ces vendeurs d'argent ne réalise pas sur le moment qu'il devra rembourser ce qui lui a été prêté. Demain est un autre jour, il sera bien

---

La spirale infernale

Éric dispose de revenus modestes pour faire vivre sa petite famille. Il ne peut leur refuser quoi que ce soit et désire toujours leur offrir plus. Il a un jour découvert, en regardant une publicité à la télévision, la facilité avec laquelle il pouvait recevoir rapidement un chèque chez lui. Grisé par les sommes perçues, il s'est lancé dans des dépenses de rêve, un superbe combiné home-cinéma et un week-end en amoureux avec son épouse à Venise. Il pensait pourtant que, jamais, il ne parviendrait à s'offrir de telles folies. Il y a pris goût. Il a recommencé, toujours avec la même facilité, les organismes prêteurs étant peu exigeants et peu curieux. Avec 60 % d'endettement sur son budget personnel, sa banque réagit et, prudente, l'a prié d'aller ouvrir un compte ailleurs. Ce qu'a fait Éric qui, devant les difficultés s'annonçant, a contracté un nouveau prêt « revolver ». Il l'a fait sans même en parler à sa femme, imitant sa signature sur les documents bancaires. La catastrophe ne s'est pas fait attendre. Surendetté et seul après un divorce pénible et coûteux, Éric est entré en dépression.

Il décrit bien sa descente aux enfers, progressive, trompé par l'euphorie de l'argent qui arrivait à chaque emprunt ou apaisé illusoirement sur le fait de pouvoir rembourser un créancier devenu pressant. Chaque somme perçue faisait disparaître par magie les soucis.

temps d'y penser. Il se comporte de manière puérile, annulant les obligations auxquelles le prêteur l'enchaîne. La satisfaction immédiate et le refus de la frustration l'aveuglent. Le sujet réagit selon le principe du plaisir. C'est une constante du psychisme humain qui s'organise sur ce mode de la recherche du plaisir plutôt que de l'insatisfaction. Nous allons davantage vers ce qui nous fait du bien que l'inverse. C'est une spirale infernale qui entraîne l'usager dans le rythme fou des prêts pour rembourser des emprunts.

Cette conduite irrationnelle est celle de la majorité du million de foyers surendettés. La faute n'est pas imputable à ces irresponsables. Comment résister à l'appât d'un gain immédiat, porteur de rêves soudainement accessibles ? Les organismes prêteurs, peu scrupuleux et peu regardants, ont leur part dans ce phénomène de société. Les publicités nombreuses et percutantes qui les vantent devraient davantage être contrôlées.

La culpabilité et la honte inhérentes à la prise de conscience de la faute commise ont amené Éric à cacher à son entourage la gravité de la situation. La crainte de la réaction des proches pousse le sujet à dissimuler et à croire que tout finira bien par s'arranger spontanément. Plus la faute grandit, plus les sommes dues s'enflent et plus la réaction du coupable sera de se réfugier dans cette attitude puérile. En psychologie, ce fonctionnement correspond au processus dit de l'annulation. Il s'agit d'un de ces mécanismes de défense contre l'anxiété que nous utilisons tous. Ils régissent notre vie psychique et nous permettent de faire face à nos angoisses. Avec l'annulation, l'individu sait, mais fait comme s'il ne savait pas. Il refuse de voir ce qui dérange ou angoisse. C'est illusoire, et cela ne tiendra qu'un temps. La bêtise n'explique donc pas tout. Réfléchissez et vous vous rendrez compte que vous aussi avez, à un moment ou un autre, usé de ce mécanisme de l'annulation.

Cette volonté de ne pas voir et de ne pas réagir conduit à la période des pertes. Le sujet perd la confiance de ses proches qui le quittent. Ce qu'il redoutait arrive, le point de non-retour est vite franchi. En cas de difficulté financière, ne pas vouloir voir le problème en face est la pire des attitudes.

Au principe de plaisir s'oppose, en effet, le principe de réalité, autre constante de notre fonctionnement psychique. Si nous recherchons sans cesse la satisfaction, il nous faut bien tenir compte des impératifs de la réalité. Si nous les refusons, ceux-ci ne tardent pas à nous rattraper. La prise de conscience est brutale et douloureuse. La lutte entre ces deux principes, principe de plaisir et principe de réalité, est un des mécanismes à la base de notre vie psychique. On ne peut vivre indéfiniment en ignorant l'un ou l'autre. C'est plus souvent le principe de réalité qui est mis de côté, annulé en partie, comme pour le rapport à l'argent, qui détermine la quête du « toujours plus ». Le surendetté fonctionne comme l'accro au jeu. Il persiste à vivre dans un monde d'illusion où la fortune arrive par magie. Le psychanalyste anglais Winnicott parle de phénomène transitionnel pour décrire ce que connaît le nourrisson, persuadé que ses désirs s'assouvissent au fur et à mesure de leur apparition[1]. La recherche de la richesse ou d'un trésor peut s'interpréter comme l'expression de ce mécanisme qui persiste au cours du développement psychique. Le jeune enfant reste longtemps dans la croyance que l'argent survient spontanément en cas de besoin. Ce mécanisme est présent dans les contes de fées comme *Cendrillon* ou *Aladin et la lampe merveilleuse*...

L'argent appelle l'argent. Il suffit d'observer les gens devenus riches pour se rendre compte que le « toujours plus » est un leitmotiv. La peur de tout perdre est à la base de ces comportements d'accumulation. Il est surprenant de voir comment des personnes, pourtant à l'abri du besoin pour des générations, ne peuvent cesser de rechercher encore plus de richesses. Ils apparaissent obsédés par l'angoisse de la ruine. Que celle-ci relève de l'impossible, tant ils sont fortunés, ne les freine pas. Je me souviens d'un homme d'affaires très riche qui avait cherché à négocier le prix de la consultation. Non par radinerie, mais parce que la moindre économie compte et que cette attitude représentait pour lui une manière de se rassurer. Un chef d'entreprise de ma clientèle a l'habitude de me répéter :

---

1. D. W. WINNICOTT, *Jeu et réalité, L'Espace potentiel*, Gallimard, 1975.

« En affaires, il ne faut jamais se relâcher, le moindre franc compte. »

Sachons nous préserver du « toujours plus ». L'argent ne fait pas le bonheur, il y contribue, il n'est pas la seule condition au bonheur. Nous sommes fascinés par la richesse. Des émissions de télévision comme *Saga*, qui réalisent des taux d'audience importants en étalant devant nos yeux les fortunes de ceux qui ont réussi, en sont la preuve. L'obsession de l'argent est une spirale qui nous rend esclave et nous fait passer à côté des vraies valeurs de l'existence. Il faut vivre avec les siens et non à côté des siens. Ne tombons pas dans le piège de perdre notre vie à la gagner.

XI

ET SOUDAIN, LA FORTUNE !

Héritage, gros lot du Loto, grosses plus-values en Bourse, tout est aujourd'hui possible et la richesse inattendue peut vous surprendre. Le tournant du siècle aura été celui des fortunes rapides offertes par les start-up à des audacieux de vingt-cinq ans à peine. Des génies de l'informatique, n'ayant même pas terminé leurs études, se sont retrouvés chefs d'entreprise puis rapidement rentiers, amenés à gérer des capitaux colossaux. Il y a bien de quoi devenir « fou ».

Gagner au Loto, hériter...

La richesse, tant convoitée, est dans bien des cas loin d'être la porte des rêves. En témoignent les aventures des heureux gagnants du Loto. Si nous nous intéressons à ceux qui ont remporté le gros lot, c'est-à-dire des sommes fabuleuses de plusieurs millions d'euros, ce qu'est devenue leur vie par la suite a de quoi surprendre. La majorité d'entre eux a perdu sa fortune. Ils ont vraisemblablement été victimes d'escrocs, me direz-vous. Eh bien, pas toujours ! C'est souvent de leur propre chef qu'ils ont décidé un jour de revivre plus simplement. La vie de riche leur était devenue insupportable. À cela, beaucoup d'entre nous rétorqueraient : « Qu'ils me les donnent à moi leurs sous, je saurai quoi en faire ! » L'affaire n'est pas si aisée. Il ne suffit pas d'être riche, il faut savoir gérer de fortes sommes d'argent. Les professionnels sont là, bien sûr. Les aigrefins aussi ! La majeure partie des gens devenus soudainement riches par héritage, gains aux jeux, à la Bourse ou par le monde des affaires n'ont pas réussi à le rester. Il existe des explications à ce phénomène.

Rêvons un peu

Vous êtes confortablement installé devant votre téléviseur et vous assistez en direct au tirage de la cagnotte du Loto. Vous avez évidemment joué et vous cochez au fur et à mesure les numéros sortants. Le tirage terminé, vous avez en main la combinaison gagnante. Vous voilà fabuleusement riche ! C'est d'abord l'état de choc. Vous n'y croyez pas. Vous vérifiez cinquante fois les numéros de votre ticket. Il faut bien se rendre à l'évidence, vous avez gagné ! Immédiatement, vous vous précipitez pour appeler vos proches et vos amis. Vous n'avez pas terminé de composer un premier numéro de téléphone que le doute vous prend et qu'aussitôt vous raccrochez. Parmi les milliers de pensées qui se bousculent dans votre tête, l'une s'impose : faut-il vraiment le dire à tout le monde ? Eh oui, les ennuis commencent ! Les gros gagnants du Loto vous en parleraient mieux que moi. Un instant vous revoyez les images des chanceux précédents, diffusées sur toutes les chaînes aux heures de grande écoute. Vous avez en mémoire les paroles de ceux qui ont témoigné dans diverses émissions de télévision sur le sujet. Évidemment, la joie est là quand même, et vous avez envie de la partager. Vous appelez une ou deux personnes de votre entourage proche, dignes de confiance et qui sauront garder le silence. Mais qui peut résister à un tel secret ? Très vite, la nouvelle se répand.

Durant les premières heures, vous ressentez un sentiment de toute-puissance dû à la quantité d'argent dont vous allez disposer et à la sensation de devenir quelqu'un d'autre, une célébrité. Vous avez l'impression que vous allez pouvoir tout acheter, satisfaire le moindre de vos désirs. C'est une sensation, paraît-il, à la fois délicieuse et irréelle. Comme si, en témoignent les gagnants du Loto, vous étiez en plein rêve et que vous alliez vous réveiller. Le lendemain matin, alors que vous comprenez que vous êtes réellement devenu riche, le bonheur à l'état pur vous envahit. C'est le moment des rêves et des grands projets. Avec les vôtres, vous élaborez des plans de voyage, d'acquisition de maison fabuleuse, de voiture de luxe... Tout ce qui vous était jusque-là inaccessible vous semble à portée de main. L'argent symbole de rêve et de puissance est là, dans vos mains.

Vient l'heure des félicitations, les sincères et les plus intéressées. Ces dernières sont les plus nombreuses. Il y a votre banquier, qui vous exprime sa joie de vous compter depuis si longtemps parmi sa clientèle et qui, pour la première fois, vous propose des solutions miracles pour placer votre fortune. Eh oui! On ne prête qu'aux riches. Ses confrères ne tardent pas à vous contacter à leur tour. Tous vous exposent leurs placements mirobolants pour entretenir au mieux votre pactole. Ensuite, les appels bizarres de spécialistes en tous genres de la gestion de patrimoine. Mais les appels les plus dérangeants sont ceux de vos proches vous faisant comprendre qu'ils vivent une période difficile et qu'un prêt de votre part les aiderait à se débarrasser de leurs soucis : « On te remboursera bien sûr, et rapidement... Tu peux bien faire ça pour la famille! » Comment dire non ?

Alors comme beaucoup de gagnants, vous réfléchissez à la manière de partager votre bonheur avec votre entourage familial et amical. Le sourire aux lèvres, naïf et heureux, vous remettez des chèques à ceux à qui vous voulez faire plaisir. Certains sont ravis et vous le disent. On vous remercie, mais souvent du bout des lèvres, parce que ce n'est jamais assez : vous avez touché des millions et vous distribuez des miettes. Et la plupart cracheront leur mécontentement une fois que vous aurez le dos tourné. Quant à ceux à qui vous consentez des prêts, ils s'empresseront dorénavant de vous éviter de crainte d'avoir à vous rembourser : « De toute façon, il peut bien attendre... Et puis, il n'est pas en manque ! »

La perte des repères et la disgrâce

Il deviendra difficile de reconnaître les vrais amis, désintéressés, des personnes qui vous encenseront du matin au soir dans l'espoir de ramasser quelques sous. La richesse soudaine peut conduire à des comportements paranoïdes[1]. La méfiance envahit le sujet qui pour se protéger s'éloigne des autres. Sa relation à autrui devient peu à peu impossible en raison des soupçons qu'il ne peut s'empêcher d'émettre : « M'apprécie-t-il pour mon argent ou pour moi-même ? »

À partir de ce moment, vos rapports avec les autres changent. On ne vous regarde plus du même œil. Vous êtes tour à tour le veinard qui a remporté le gros lot ou le salaud maintenant riche et qui pourtant ne le méritait pas. « C'est honteux de gagner autant d'argent de cette manière ! Moi, monsieur, mon argent, je l'ai gagné en travaillant ! Et tu crois qu'il partagerait ? Tu parles, il paraît que, même à sa famille, il n'a rien donné. Pas un centime ! Les gens sont mesquins quand ils deviennent riches, ils oublient vite les amis... On n'est plus du même monde... » Vous qui éprouviez une agréable sensation de célébrité, qui pensiez que vos

---

1. De « paranoïa » ou maladie de la persécution.

dons conforteraient chez les autres une représentation positive de votre personne, vous vous sentez maintenant comme repoussé, mis au ban de la société.

La fortune subite va opérer une transformation rapide de vos repères habituels. Vos premiers achats de luxe – voiture, maison – ne

---

Bernard, ou les infortunes de la fortune

Bernard, berger à l'existence tranquille dans son petit village de Haute-Savoie, au cœur de la vallée d'Abondance, n'aurait jamais imaginé « la galère » que ses gros gains du Loto allaient lui faire subir. Il a suffi de quelques jours pour que son existence paisible se transforme en cauchemar. Dès que la nouvelle de sa bonne fortune se fut répandue comme une traînée de poudre dans les hameaux et villages environnants, ce fut un défilé de curieux et de badauds. Homme discret, il n'afficha rien de sa richesse, continuant à vivre simplement. Mais, très vite, il semble qu'il soit devenu la bête noire du village. Les gens ne lui parlaient plus lorsqu'il descendait au bourg faire ses courses. Bernard eut rapidement l'impression de ne plus faire partie de sa petite communauté d'origine. Jusqu'au jour où il fut victime de jets de pierres répétés sur la façade de son modeste chalet. Il lui fallut bien se rendre à l'évidence, il n'était plus accepté par les siens et il déménagea incognito dans une autre vallée. Il a conservé un seul véritable ami, qu'il rencontre régulièrement dans un restaurant d'un village voisin. Ce dernier voit en lui l'homme qu'il a toujours été, simple et modeste. Il est vrai qu'il n'est pas un flambeur. L'argent n'a pas influencé son mode de vie. S'il est maintenant à la retraite, c'est qu'il en a l'âge. Ses plaisirs consistent à voyager un peu et à profiter de quelques bonnes tables.

passeront pas inaperçus aux yeux des jaloux qui vous entourent. Les uns vous envieront, les autres vous tourneront le dos.

Bernard n'est pas le seul à avoir connu pareille mésaventure, des cas semblables sont légion parmi la tribu des heureux gagnants du Loto ou du PMU.

Marcel, « tu n'es plus comme nous »

Marcel est un modeste employé vivant à Marseille. Grâce à un tiercé gagnant, il s'est retrouvé du jour au lendemain à la tête d'une véritable fortune. Fou de joie, « il s'est lâché » comme il dit et a voulu jouer « les grands monsieurs ». Il a mené grand train, de repas fabuleux entre copains dans les grands restaurants à l'achat d'une prestigieuse voiture de course. Grand cœur, il ne savait pas dire non quand un ami le sollicitait. Et, très vite, les choses ont changé. Dans le petit bistrot du port où il avait ses habitudes, l'ambiance n'a plus été la même. On lui a petit à petit tourné le dos, les conversations s'arrêtant à son arrivée...
« Qu'est-ce que tu veux, lui dit un jour le patron du bar, tu n'es plus comme nous. Tu roules en décapotable, tu manges au restaurant tous les jours, tu vas en vacances dans les Antilles... Tu es un richard, nous toujours des petits... Moi, je ne t'en veux pas, mais il y a des jaloux... »
Au bout de quelques mois, après une véritable dépression, Marcel a revendu son bolide de luxe. Il a donné une grande partie de son argent à des proches et s'est acheté un débit de boissons dans un vieux quartier de la ville. Il vit modestement et heureux, et espère reconquérir ses amis.

En fait, c'est un peu comme si vous étiez devenu quelqu'un d'autre aux yeux de votre entourage. Vous savez que vous n'avez pas changé, que vous êtes toujours la même personne. L'argent vous offre des facilités, des plaisirs jusqu'alors inaccessibles, mais au-delà de la reconnaissance de vos proches, vous espérez que ces derniers continueront à entretenir avec vous les mêmes rapports. Il n'en est rien. On vous voit maintenant au travers du filtre de l'argent. Vous êtes riche et les gens qui vous entourent sont persuadés que votre vision de la vie n'est plus la même, ne ressemble plus à la leur. Dégagé des préoccupations matérielles et des soucis financiers qui empoisonnent la vie du commun des mortels, vous appartenez dorénavant à un autre monde, celui des possédants, qui suscite à la fois envie et jalousie. Vous ne faites plus partie des leurs.

Un phénomène sociologique

Une des règles de fonctionnement générales à tous les groupes humains est le principe d'appartenance : les individus tendent à se regrouper en fonction de caractéristiques communes. C'est ainsi que notre société se divise en classes sociales ou en classes d'âge. Les adolescents cherchent à être ensemble, les gens riches se regroupent dans certains quartiers des grandes villes... Chacun éprouve le besoin de se sentir accepté et admis au sein de l'organisation sociale dans laquelle il vit en adoptant les modus vivendi imposés par celle-ci ou en s'accaparant les critères sociaux ou économiques qui la définissent. Il existe une appartenance de fait, en fonction de caractéristiques que vous possédez naturellement – âge, éducation... – et une appartenance sociale, définie par vos revenus par exemple.

Accéder à la fortune ou à une plus grande aisance risque de vous placer en situation de ne plus ressembler aux autres membres de votre groupe d'appartenance. Votre pouvoir d'achat est devenu plus important, vous ne vivez plus de la même manière, les problèmes de la vie quotidienne que vous partagiez avec les autres membres de votre groupe de référence ne sont plus les vôtres. Aux yeux de tous, vous faites partie d'une autre classe, de la classe des gens aisés. Alors, vous êtes en quelque sorte exclu du groupe. C'est ainsi que l'on parle souvent péjorativement des « nouveaux riches » pour désigner les individus jouissant rapidement de revenus importants. Ces derniers ne se retrouvent nulle part, ni parmi les « vrais » riches ni parmi les classes moyennes.

D'un autre côté, en raison de vos conceptions liées à l'argent, il est possible que vous ayez à faire beaucoup d'efforts pour ressembler au mieux à votre nouveau groupe d'appartenance. Dans ce cas, il est fréquent de se sentir mal à l'aise, pas à sa place et l'adage « L'argent ne fait pas le bonheur » devient une réalité.

Si votre désir était de changer de niveau de vie, de réussir en gravissant les échelons de la hiérarchie sociale, alors votre soudaine fortune vous comble. Mais attention, il n'est pas dit que vous serez si facilement accepté.

L'argent suspect

La disgrâce est fréquente lorsque surgit la fortune. En dehors des réactions envieuses que cette forme de richesse peut susciter et qui expliquent le mécanisme de rejet qui isole le nouveau nanti, intervient ici la notion d'argent sale, mal acquis. L'argent issu du hasard est licencieux. La raison se trouve dans le fait que la plupart des textes religieux – Bible, Coran – bannissent les jeux d'argent. Un exemple : il est dit dans le Nouveau Testament que la tunique du Christ a été jouée aux dés par des légionnaires romains. S'ensuit un sentiment de culpabilité à gagner au jeu des sommes importantes, surtout sans effort. L'argent du Loto fait rêver, mais on vous reprochera toujours le fait qu'il soit le fruit du hasard. Pourquoi lui et pas moi ? En quoi serait-il plus méritant ? Pourquoi n'ai-je pas, moi aussi, droit à ce bonheur ? Ceux qui ne gagnent pas vivent comme une injustice la chance des gagnants. Injustice qui les pousse à la jalousie, par dépit, et au rejet des chanceux. C'est pourquoi il est plus facilement admis que quelqu'un dans la misère remporte le gros lot. Une année, la fille d'un cantonnier, père d'une famille nombreuse qu'il parvenait avec peine à élever, a gagné une somme fabuleuse au Loto. La réaction de la plupart des gens a été de voir dans cet événement comme une intervention divine, venant mettre un peu de justice dans ce monde injuste qui place les trois quarts de la population dans la misère et le quart restant dans l'opulence. Par la suite, la famille en question étant devenue riche, elle a été, elle aussi, contrainte de s'éloigner.

Être riche parmi les autres

Que vous deveniez riche par votre travail est mieux accepté, bien que dans notre société européenne avoir beaucoup d'argent reste suspect. Encore influencés par des conceptions judéo-chrétiennes, nous adoptons des attitudes ambivalentes, enviant les possédants et les conspuant en même temps. Si vous devenez ce que l'on appelle aujourd'hui un « nouveau riche », vous devenez la victime de ces réactions. Perdant vos amis, vous allez compenser vos déceptions par des achats de rêve. Il est grisant de s'offrir des vêtements de luxe dans les boutiques les plus chic, de manger dans les restaurants huppés, de rouler en voiture de prestige. Mais tout lasse. La possession tue le désir. Votre mode de vie s'en trouve chamboulé. Vous finissez par être désorienté de ne plus savoir qui vous êtes. Les vôtres vous abandonnent, vous vous tournez vers ceux qui, comme vous, jouissent d'une fortune.

Les gens aisés, surtout s'ils sont issus de familles fortunées depuis plusieurs générations, ne vous accepteront pas non plus si facilement. On vous fera vite comprendre que vous n'avez pas reçu la même éducation ou que votre nom n'apparaît pas dans les gothas régionaux des grandes familles. On recherchera les origines de votre réussite. Si l'information se répand que votre fortune est due au jeu, vous vous apercevrez rapidement que vous ne faites pas partie de la bande. Les nouveaux riches sont des gens souvent contraints à vivre isolés.

Une remise en question

Vous voilà rejeté de toutes parts et cette sensation de perte des repères et de non-appartenance est difficile à vivre. Elle n'est pas non plus sans vous amener à vous interroger sur vous-même. Le fait de vous retrouver soudainement riche peut venir bousculer les valeurs que vous avez quant à l'argent et à la manière dont

---

Germaine, femme de ménage richissime

Germaine est femme de ménage chez une vieille dame riche et sans enfant. Après le décès de cette dernière, Germaine apprend qu'elle hérite de la totalité de la fortune de sa patronne. Germaine est dans un premier temps effrayée par ce qui lui arrive. Elle qui a toujours vécu chichement se sent écrasée par ce soudain afflux d'argent. Après quelques achats, du luxe à ses yeux, tels un lave-linge et un congélateur, Germaine décide avec l'aide de son banquier de placer son argent dans des produits sûrs et fiables. Elle n'a jamais abandonné son travail et a continué à vivre de la même manière, sans rien changer à ses habitudes, en ne dépensant que son modeste salaire. Interrogée, elle déclare être paniquée par sa richesse. Sa nouvelle fortune lui fait peur. Élevée dans une famille pauvre, elle dit ne pas mériter cet argent qu'elle n'a pas gagné par son labeur et préférer ne pas y toucher.

il doit être gagné. Or, remettre en question ces valeurs issues de l'éducation n'est pas une chose aisée. Vous pouvez vous sentir en contradiction avec vous-même. Si l'on vous a enseigné, par exemple, que seul l'argent de l'effort et du travail est méritant, vous ne tarderez pas à ressentir un certain malaise face à votre fortune. Si, de par votre enfance, l'argent est un objet qui fait peur, vous risquez de vous sentir décontenancé face à votre richesse. Un joueur du Loto a même un jour été incapable d'aller toucher ses gains ! Les réactions des autres, le rejet et la solitude vous encouragent à préserver cette conception.

Nous l'avons vu, l'influence de notre éducation a un retentissement incontestable sur notre manière de vivre avec l'argent. Dans bien des cas naît un sentiment de culpabilité à être riche ou plus fortuné, surtout de façon inattendue et sans effort, donc non méritée. Peuvent apparaître un malaise, une anxiété, qui se traduisent par un sentiment de perdition renforcé par l'isolement dans lequel vous risquez de vous retrouver.

La fortune arrive, votre existence est bouleversée au-delà de ce que vous pouviez imaginer. Vous en venez à vous demander si, devant la fuite de votre entourage, vous méritez cet argent. Suit une période de remise en question qui peut aboutir à la volonté de reconquérir ce qui a été perdu. Isolés et désorientés, certains gagnants des jeux, tel Marcel, sans être les victimes d'escrocs, ont perdu leur fortune en la dilapidant, de manière consciente ou non, dans le but de retrouver un univers plus familier.

Quelques recommandations

Il ne faut pas noircir le tableau. Il existe des gens riches et heureux. Pourquoi pas vous, si la fortune vous sourit ? Quelques précautions semblent néanmoins nécessaires.

- Ne vous laissez pas gagner par l'euphorie qui consiste à croire que vous pouvez tout vous offrir. Résistez à la tentation de réaliser immédiatement vos rêves. Sachez que, à moins d'être devenu l'héritier d'un

---

Se donner le temps de réfléchir

Un couple ayant gagné plusieurs millions au Loto a témoigné de la manière dont ils ont su réagir et préserver leur fortune. Modestes employés, ils ont d'abord décidé de démissionner afin de libérer leurs emplois et de favoriser l'embauche de chômeurs. Ensuite, ils ont prélevé une somme très modeste sur leur pactole pour s'offrir le plaisir de passer plusieurs jours à Disneyland avec leurs enfants. Pendant quelques mois, ils ont laissé l'argent sur un compte et se sont donné le temps de réfléchir à ce qu'ils allaient en faire. Après la construction d'une maison, ils ont racheté une entreprise de la région en difficulté, en ayant pris le soin de se former à la gestion et de s'entourer de personnes compétentes. Ils se félicitent d'avoir agi ainsi et d'avoir su résister à la pression de ceux qui les incitaient à profiter au plus vite de l'argent qui venait de fondre sur eux.

multimilliardaire, votre richesse n'est pas inépuisable et demande à être gérée, c'est-à-dire correctement placée. Alors, gardez la tête froide.
Un bon conseil, donc : ne dépensez pas tout de suite votre argent. Ne vous précipitez pas pour réaliser de gros achats, évitez « la fièvre acheteuse ». Prenez le temps de mentaliser ce qui vous arrive. Les gagnants du gros lot du Loto qui ont réussi à ne pas voir leur fortune rapidement dilapidée n'ont pas touché à leur argent avant plusieurs semaines.

- Rien n'interdit de faire des projets, mais, dans un premier temps, laissez passer la phase de choc. Les chanceux devenus riches par le Loto et qui sont parvenus à le rester ont agi de cette manière. Donnez-vous le temps de laisser retomber l'excitation qui, immanquablement, accompagne l'arrivée d'une importante somme d'argent. Vous éviterez bien des bêtises. Cette attitude vous épargnera aussi de vous sentir investi de l'illusoire impression de pouvoir que procure l'argent et vous permettra de rester vous-même.

- Ne vous lancez pas à la légère dans les affaires. Certaines personnes, devenues soudainement riches, l'ont fait, se croyant capables de tout. C'est un leurre qu'offre la richesse inattendue : le sentiment de toute-puissance, un peu comme si la fortune tombée du ciel vous donnait les aptitudes à devenir un leader. Certains gagnants du Loto sont redevenus pauvres après avoir connu une faillite. Ils s'étaient attelés à la création ou au rachat d'une entreprise sans rien connaître des exigences que cela implique en termes de gestion financière et de management. Être riche et savoir le rester ne s'improvisent pas.

- Le silence est souhaitable. Après un héritage ou un gain au jeu, évitez d'alerter votre entourage. Progressivement, et bien assez tôt, vos proches comprendront ce qui vous arrive au travers de la modification de votre train de vie ou à la suite de l'achat d'une maison, par exemple.

- Restez discrets sur les sommes perçues. N'étalez pas ostensiblement les signes de votre richesse. N'allez pas susciter envie et jalousie. Aux questions que vous poseront les gens sur votre soudaine fortune, vous pouvez répondre en expliquant son origine sans pour autant entrer dans les détails et faire le relevé précis de ce que vous avez empoché.

- En un mot, ne modifiez pas radicalement votre mode de vie. Pensez à jouir de votre argent tout en respectant les valeurs que votre éducation vous a inculquées. Continuez à vivre comme vos proches et votre entourage, sous peine de les perdre et de vous retrouver seul. Et n'oubliez pas que l'argent a été en premier lieu institué pour favoriser les échanges entre les gens et susciter le partage, lien social authentique.

XII

LES ESCROCS

Depuis que nos sociétés se sont mises à fonctionner pour et avec l'argent, les escrocs ont parasité le système à leur profit. L'histoire regorge de ces usurpateurs célèbres, tel Stavisky, en 1934, qui entraîna la démission du gouvernement de l'époque. De nos jours, les « affaires » font quotidiennement la une de l'actualité, impliquant le monde de la politique et celui de la finance : l'affaire Elf, celle du Crédit lyonnais, des HLM de Paris... Les journalistes se repaissent de ces scandales qui, régulièrement, reviennent à la surface lorsque plus rien de vraiment extraordinaire et de vendeur ne se passe dans le monde. Mais qui sont ces personnages sans scrupule qui nous volent notre argent à nous, simples et honnêtes citoyens ?

L'escroc est avant tout un individu intelligent, très intelligent. Ses facultés intellectuelles supérieures, il les place au service de sa perversité. Par perversité, entendez cette capacité à ruser, à échafauder des plans subtils pendant parfois des mois ou des années avant de passer à l'action. Perversité signifie aussi que, pour certains, un mode particulier de fonctionnement de la personnalité est responsable de leurs actions.

Escroc malgré lui

Il existe néanmoins des escrocs malgré eux. Ce sont des personnes « au-delà de tout soupçon » qui, apprend-on un jour avec étonnement, ont détourné ou volé de l'argent. Employés modèles, ils défraient la chronique. Interrogés, ils sont incapables de donner des raisons à leur geste malheureux.

L'honnête Suzanne qui puisait dans la caisse

Suzanne était aux yeux de ses patrons une personne de confiance à qui ils laissaient chaque soir la caisse de leur magasin de chaussures. Depuis huit ans, elle se rendait deux à trois fois par semaine à la banque pour déposer l'argent de la boutique. Elle était ainsi appelée à manipuler des sommes importantes, voire considérables à ses yeux de jeune fille issue d'une famille modeste. Un jour, ses employeurs ont découvert qu'il manquait régulièrement de l'argent après le dépôt à la banque. Suzanne étant pour eux un parangon d'honnêteté, elle ne pouvait être tenue pour responsable de ces vols. Après une discrète enquête, il fallut se rendre à l'évidence, Suzanne avait pioché à plusieurs reprises dans la caisse. Interpellée, elle fut jugée. Elle venait de se marier et son jeune époux, effrayé et sous le choc, a exigé qu'elle rencontre un « psy ».

Suzanne ne peut donner d'explication à son geste. Elle me dit avoir été un jour tentée de puiser dans toute cette masse qui s'étalait devant elle, sans réfléchir, persuadée qu'elle réparerait sa faute le lendemain. Mais, le lendemain, elle puise à nouveau dans le pactole qu'elle transporte. Et ainsi de suite les jours suivants. En dehors de l'attrait exercé par tous les billets qu'elle avait sous les yeux et du désir de faire plaisir à son mari en améliorant l'ordinaire de leurs dîners, Suzanne est incapable de donner une explication rationnelle à sa condamnable conduite. À aucun moment, elle ne vit que ce qu'elle faisait relevait du délit. Elle se persuadait que personne ne se rendrait compte de rien et qu'elle parviendrait à redéposer les sommes manquantes ultérieurement. L'interrogatoire dans les locaux des services de police lui fera brutalement prendre conscience de la gravité de son geste. Hélas, bien tardivement !

L'histoire de Suzanne est banale. Les gens pris en flagrant délit de vol sur leur lieu de travail relatent ce défaut de mentalisation. Ils commencent un jour à voler, malgré leur honnêteté, cédant à un moment d'égarement. Ensuite, ils tombent dans un engrenage malheureux. Loin de réaliser ce qu'ils font, ils se voilent la face, un peu comme l'enfant qui a peur du loup et se cache les yeux pour le faire disparaître. Réaliser la faute est, en raison des valeurs qui sont les leurs, insoutenable. Alors, ils préfèrent faire comme si un jour, magiquement, ils se trouveront en mesure de réparer leur faute. L'acte de voler est réalisé sans mentalisation. Les conséquences, la nature répréhensible de leur conduite ne sont pas pensées. Tous décrivent une sorte de blocage du raisonnement. Ils se disent : « On verra plus tard. »

Au départ, le refus d'une frustration est la cause de leur geste. Le fait de ne pas être dévoilé vient confirmer l'absence de gravité du délit commis et explique la répétition. Ce type d'escroquerie repose sur des mécanismes psychologiques infantiles : « Pas vu, pas pris », la réparation se fera après, le plaisir immédiat prend le dessus.

Dans le cas de Suzanne, le vol était aussi un moyen de faire plaisir à son mari et, par là, d'exister encore davantage à ses yeux. Elle faisait don du larcin au travers de l'amélioration des repas ou de l'achat de vêtements, monnayant en quelque sorte son affection, pensant prouver davantage son amour et être aimée en retour. L'histoire de Suzanne, son enfance difficile auprès d'un père dur, exigeant et peu démonstratif sur le plan affectif, expliquent son geste malheureux. Ayant une faible estime d'elle-même, Suzanne a compté sur l'argent pour s'octroyer de la valeur et se sentir digne d'être aimée.

Mésestime de soi et culpabilité

Dans certains cas, ce comportement de vol répond à un besoin inconscient d'être puni. L'individu commet un acte délictueux dans le dessein de se faire prendre. Les raisons de ce comportement peuvent être multiples et reposent souvent sur des événements difficiles rencontrés durant l'enfance. Il s'agit de personnes présentant une faible estime d'elles-mêmes, souvent victimes de proches aux comportements manipulateurs et humiliants. On rencontre fréquemment ce comportement chez les victimes de harcèlement. Ces personnes ressentent un sentiment de culpabilité important, souvent à l'origine de ces vols maladroits. Elles ont une image tellement dévalorisée d'elles-mêmes qu'elles estiment être à l'origine des conduites de persécution de leur bourreau et devoir mériter un châtiment. Là encore, des mécanismes psychologiques infantiles expliquent ce genre de délits, certes plus nombreux chez les enfants, mais que l'on rencontre de temps à autre chez les adultes.

L'effet des groupes

À noter l'influence du groupe sur la capacité d'un individu à dépasser les interdits et à commettre des vols. Si, par exemple, travaillant dans une entreprise ou un service administratif quelconque, vous détournez du matériel de bureau pour un usage privé, par exemple pour compléter la liste des fournitures scolaires au moment de la rentrée de vos enfants, vous vous livrez à une escroquerie. Vous n'en avez pas l'impression parce que vous avez certainement imité vos collègues : « Ne t'inquiète pas, tout le monde le fait. » Alors, pourquoi se gêner ? Vous bousculez, sous l'effet de la conformité au groupe, vos valeurs de probité et commettez un délit. Ce phénomène est fréquent. C'est aussi le cas du salarié qui, voyageant régulièrement pour son travail, ajoute quelques euros sur ses frais de déplacement à la fin du mois. La plupart des entreprises en sont venues à la solution de la voiture de fonction pour limiter cette pratique.

Ce qu'un individu serait incapable de faire en raison de l'intériorisation d'interdits, il le commettra sous l'influence du groupe. Ce mécanisme s'appelle la pression de conformité. Si je fais comme les autres, je leur ressemble et ils m'acceptent. Repensez à votre enfance et à votre adolescence pour saisir l'importance de ce phénomène. Nous gardons longtemps au fond de nous la peur du rejet des autres. Dès les premières fréquentations scolaires, cette crainte existe et elle perdure jusqu'à l'adolescence et au-delà. Ne pas compter, se sentir abandonné est une source d'angoisse telle que nous préférons nous noyer dans la masse et adopter les comportements de notre entourage dans le but de continuer à exister à ses yeux. Nous avons tous ce besoin d'être aimés par le plus grand nombre. L'adolescent rebelle ne cherche pas autre chose par ses attitudes de provocation que d'être remarqué par un groupe d'appartenance dans lequel il se sent accepté. Les punks, les skaters, les rappers ne sont rien moins que des bandes refuges qui donnent une valeur d'existence à chacun de leurs membres.

Escroc par dépit

Il faut aussi parler de ces escrocs qui le deviennent par désillusion. Au départ, ce sont des individus possédant de réelles valeurs de respect du bien d'autrui, de probité. Ils vivent une vraie passion pour leur travail ou leur activité, et un jour, ils ressentent une profonde déception. Devant un délit scandaleux, commis par une personne qui était pour eux une référence, un exemple, ils finissent par agir, par dépit, à l'encontre de leurs principes. L'argent détourné a alors une valeur de rébellion ou est utilisé pour donner à son détenteur la puissance qui lui a jusque-là fait défaut. C'est un peu : « Le cave se rebiffe. »

Les « sans foi ni loi »

Certains, par contre, agissent sans scrupule. Ils se comportent comme si les lois n'existaient pas. Ils n'ont pas conscience de ce qui est interdit. Ils représentent la majorité des délinquants capables des pires délits. Leur personnalité s'est construite sans intérioriser les notions de loi, de bien et de mal. Ils ne peuvent différer leurs désirs et s'emparent sans culpabilité du bien d'autrui. En psychologie, ces individus aux conduites antisociales sont appelés des psychopathes. Ce terme définit, comme son nom l'indique, un caractère pathologique de la personnalité et représente une entité clinique à part entière.

On retrouve dans leur histoire des points communs : un père absent, souvent alcoolique, et une mère démissionnaire, débordée par l'entretien d'une famille nombreuse. Les psychopathes, enfants, se caractérisent par des comportements impulsifs de rébellion, de provocation, de vandalisme et de violence. Ils font souvent l'objet de renvois du milieu scolaire et finissent par vivre dans la marginalité. Leur éducation ne leur a pas permis d'intégrer les notions d'interdit et de respect de la loi. Ils commettent ainsi de nombreux délits sans la moindre once de culpabilité. Vers la quarantaine, leur destin bascule et ils rentrent dans le rang, s'assagissent et adoptent des modes de vie plus conformes, à moins qu'ils ne soient incarcérés ou morts en raison de leurs conduites dangereuses répétées.

Le défaut de culpabilisation quant aux délits commis les caractérise. Ils sont réellement incapables d'éprouver du remords. C'est pourquoi la prison est un moyen de les aider à intégrer la loi. L'approche thérapeutique consiste à les amener à mentaliser avant d'agir, à se représenter les conséquences de leurs actes en contrôlant leur impulsivité. L'argent est pour eux un vecteur de puissance et d'évitement de la frustration. Ils ne maîtrisent pas leurs pulsions. Celles-ci répondent à un principe de plaisir immédiat qui ne souffre aucun délai.

Les escrocs, les vrais

Les vrais escrocs se caractérisent par leur habileté à monter des coups « spectaculaires ». Ce sont des individus aux potentialités intellectuelles élevées. Il faut le reconnaître, leurs méfaits forcent notre admiration. Outre cette intelligence, ils présentent une construction de la personnalité singulière. Ils entrent dans le registre de la perversion.

Le pervers se caractérise par un fonctionnement psychique orienté vers la recherche du plaisir, le sien uniquement, au détriment de l'autre. Le vrai plaisir est d'ailleurs celui que le pervers obtient en interdisant à sa victime d'y accéder. Chacun connaît la fameuse histoire du sadique et du masochiste. Le sadique est un pervers animé par le plaisir de faire souffrir autrui, le masochiste recherche l'excitation dans sa propre souffrance. Un masochiste demande donc à un sadique de lui faire mal. Ce dernier lui répond simplement : « Non. »

Le pervers est conscient qu'en obtenant satisfaction il le fait aux dépens de sa victime et que cela participe à la destruction partielle ou totale de cette dernière. Les escrocs ne peuvent ignorer le mal qu'ils provoquent. Au-delà de la possession de l'objet argent, ils recherchent la possession de l'autre, pour le faire souffrir ou participer à sa destruction psychique. Le plaisir ressenti n'est donc pas pour eux uniquement inhérent à la réussite de la ruse mise en place, ni à l'obtention de l'argent. Ce dernier représente cependant un bénéfice secondaire qui permet l'accès au pouvoir, à la domination d'autrui. L'escroc jouit de l'étalage de ses richesses comme d'un attribut de puissance.

À l'inverse du psychopathe, l'escroc a intériorisé la notion d'interdit. Il transgresse volontairement la loi et en éprouve de l'excitation. Il possède un sens moral qui l'empêche de commettre certains actes. Il n'est pas un pervers comme l'agresseur sexuel, qui recherche directement la souffrance physique et psychique de l'autre.

La personnalité pathologique des escrocs trouve son origine dans leur enfance. L'escroc, le pervers qu'il est devenu, ressent une peur latente (c'est-à-dire cachée, non avouée) de ne pas exister suffisamment, de ne pas avoir de pouvoir. Il utilise donc des moyens détournés pour briller dans le regard d'autrui. S'il réussit son escroquerie, il devient plus fort aux yeux de tous, il est enfin quelqu'un. C'est pour cette raison que la plupart des escrocs se servent de l'outil de la séduction pour tromper leur victime. Ce sont des manipulateurs qui mettent leur grande intelligence au service de leur perversité.

Stavisky en fut un exemple remarquable. Il était parvenu à s'introduire dans les milieux de la politique et de la finance pour monter une énorme organisation d'escroquerie. Il avait réussi, par son charisme, à gagner la confiance de dizaines de personnalités, ministres, banquiers, députés... L'instruction de l'affaire demanda deux ans et une vingtaine de personnes furent condamnées, plusieurs autres se suicidèrent.

Pour cette catégorie des vrais escrocs, l'argent n'est en fait qu'un vecteur, un moyen de satisfaire leur besoin d'exister face aux autres. C'est pourquoi ils agissent le plus souvent seuls et pour leur propre compte. Ils sont des pervers narcissiques, c'est-à-dire gouvernés par leur seul intérêt et une sorte de manque affectif qui occasionne un besoin de reconnaissance des autres. Blessés ou peu suffisamment aimés durant leur enfance, ils sont anxieux de briller en cherchant à s'attribuer la puissance de l'argent. L'escroquerie est le moyen de s'emparer de la richesse pour atteindre au plus vite l'admiration et le respect d'autrui.

Les affaires qui envahissent l'actualité sont l'apanage de groupes de personnes mues par une idéologie ou influencées par la pression du groupe. Les auteurs de ces méfaits ne correspondent pas tous à la description de l'escroc qui est faite ici. Si nous revenons à l'exemple de Stavisky, la majorité des gens à la moralité discutable impliqués dans l'escroquerie comme comparses ont été entraînés par leur leader dans une spirale malheureuse.

Les escrocs suscitent notre réprobation. Nous nous mettons à la place de la victime et, si nous reconnaissons l'habileté du trompeur, notre morale et notre peur d'être un jour nous-mêmes manipulés et volés nous forcent à bannir le coupable. De plus, les détournements se portent en majorité sur les deniers publics, autrement dit notre argent à nous, citoyens.

Tout comme l'argent, l'escroc exerce sur nous à la fois fascination et répulsion. Notre fascination n'est-elle pas due au fait que l'escroc s'accapare ce qui représente l'objet de nos secrètes inclinations, à savoir, l'argent, la richesse, le rêve et la puissance?

XIII

QUELQUES CONSEILS POUR MIEUX VIVRE AVEC L'ARGENT

À la lecture du chapitre « Argent et éducation », nous avons pu prendre conscience de la place de l'argent dans l'éducation. Nous reproduisons malgré nous les comportements de nos parents. Par réaction ou mimétisme, notre expérience de l'argent est en rapport avec l'influence qu'ont exercée sur nous les personnes qui ont eu la charge de notre éducation. Les joies et les souffrances de notre enfance conditionnent notre existence. En prendre conscience, c'est parfois parvenir à se libérer de contraintes, de frustrations, de restrictions qui empoisonnent notre vie. Au travers des différents exemples qui émaillent cet ouvrage, j'ai tenté de démontrer que, dans la majorité des cas, les représentations que nous avons de l'argent apparaissent tôt et sont à l'origine des comportements de dépendance. Il est important de repérer les distorsions, les cognitions, les croyances irrationnelles que nous entretenons à l'égard de l'argent.

Mettre en cohérence argent et besoins

Pensez à définir vos besoins. Désirez-vous gagner le plus d'argent possible, et dans quel but ? En voici une liste non exhaustive :

- Vivre bien, profiter de la vie sans se priver.
- Vivre dans le luxe.
- Amasser pour ne pas manquer ou se rassurer.
- Avoir de l'argent pour vivre et non vivre pour l'argent.
- Disposer de suffisamment d'argent pour ne pas angoisser au moment de payer les factures, autrement dit ne pas en manquer, sans plus.
- Briller grâce à l'argent, en imposer aux autres.
- Amasser le plus possible pour la retraite.
- En avoir suffisamment pour rendre les siens heureux.
- Mettre les siens à l'abri du besoin.
- Garder le niveau de classe sociale de sa famille.

Tous les choix sont bons si vous êtes en accord avec vous-même, que vous ne vous trouviez pas en état de dépendance à l'argent, que votre entourage ne souffre pas de vos comportements.

Il sera néanmoins difficile de vous préserver d'une addiction si vous utilisez l'argent pour vous affirmer face aux autres. Si vos rapports à l'argent sont superficiels, appelés à vous donner une identité illusoire de dominant, de leader, vous risquez de tomber dans le piège du « toujours plus ». Nous avons vu où cela pouvait mener. Celui qui cherche à briller par l'argent a toujours la sensation de manquer d'éclat et en recherche davantage.

La chasse aux croyances irrationnelles

Les croyances irrationnelles correspondent aux perceptions erronées que l'on peut avoir de l'argent :

- Sans argent, je ne suis rien.
- Je ne peux vivre sans beaucoup d'argent.
- Les gens se fondent sur votre richesse pour vous juger.
- L'argent est le seul moyen d'avoir du pouvoir.
- Le seul vrai pouvoir est celui de l'argent.
- Manquer d'argent est le pire des malheurs.
- Il faut toujours gagner plus.
- Ma vie n'est pas réussie si je ne gagne pas suffisamment d'argent.

Il en existe bien d'autres. Sans nous en rendre compte, nous les installons et les laissons déterminer nos choix et orientations de vie. Elles provoquent des contraintes qui nous empoisonnent l'existence. Avoir de telles croyances conduit à la dépendance à l'argent et aux comportements déviants qu'elle entraîne.

Passez au crible vos propres croyances sur l'argent. Remettez-les en cause si besoin, afin d'agir de manière plus cohérente.

L'argent n'est pas un médicament

L'argent ne peut combler les manques affectifs. Le croire vous enlise dans une quête insatiable. Comme pour n'importe quelle dépendance – alcool, drogue – la quantité consommée est toujours insuffisante. La dépendance s'intensifie avec le temps et son objet prendra de plus en plus d'importance. Dans la vie, l'équilibre se trouve souvent du côté de la modération. Les extrêmes conduisent au déséquilibre, voire à la pathologie. La pratique des abus ou des excès de manque, comme l'avarice, ne rend pas heureux. Celui qui y succombe subit l'argent comme un objet totalitaire qui gouverne chacun des actes de sa vie.

L'argent n'a pas de pouvoir réparateur. Il est un antidépresseur à durée de vie limitée. Nous l'avons vu, bien des comportements déviants face à l'argent répondent au besoin de soigner une souffrance. Mais le sujet reste dans l'illusion d'un mieux-être qui ne vient jamais. Comme pour l'alcool, la frénésie de dépenses procure une ivresse passagère. Une fois la griserie passée, les problèmes persistent. Face à un trouble psychoaffectif, la meilleure thérapie consiste en un travail à faire sur soi-même. Une psychothérapie est une bonne méthode. À l'heure actuelle, l'analyse n'est plus la seule technique utilisée. D'autres, issues des thérapies cognitives, fondées sur l'ici et maintenant, ont démontré leur efficacité. Elles ont en outre pour avantage de se dérouler sur des durées brèves. Les thérapies cognitives sont moins coûteuses sur le plan financier mais aussi sur le plan psychique.

Accorder argent et valeurs

Sachez vivre en accord avec les valeurs que l'on vous a inculquées : l'honnêteté, le respect d'autrui (quelle que soit sa fortune), le respect de l'argent fruit de l'effort, la valeur du travail... Si l'honnêteté était une vertu de base dans l'éducation que vous avez reçue, toute activité à caractère illégal vous posera un cas de conscience et vous ne tarderez pas à vivre un malaise existentiel. Il est difficile de vivre en opposition avec ses valeurs sans finir par en souffrir. Un mal-être anxieux apparaît. L'existence devient pénible. La dépression est proche et s'installe en quelques mois.

Il n'est pas nécessaire de réfléchir durant des heures pour déterminer si vous êtes dans une situation à risque. Au fond de vous-même, vous percevez des sensations semblables à des signaux d'alarme. Vous vous sentez mal dans votre peau, vous vivez des moments d'anxiété accompagnés de culpabilité, vous êtes fréquemment préoccupé... Sachez vous écouter, vous respecter. Prenez le temps de faire des bilans réguliers. Qu'attendiez-vous de la vie ? Que vous a-t-elle apporté ? Sachez estimer ce que vous possédez sans toujours vous comparer aux autres.

Le couple, une entreprise

Considérez votre foyer comme une petite entreprise qui se doit de gérer les entrées et les sorties d'argent. Si l'un des deux partenaires n'occupe aucun emploi à l'extérieur, le temps passé à l'entretien de la maison ou à l'éducation des enfants doit être défini comme une des fonctions essentielles à la bonne marche de l'entreprise, donc comme un travail. C'est un moyen d'ôter toute culpabilité à celui qui ne perçoit pas de salaire. C'est aussi une façon d'instaurer le respect mutuel envers les tâches de chacun.

Établissez, si cela n'est pas déjà fait, un compte commun destiné à assurer le quotidien. Mettez-vous bien d'accord : l'argent qui arrive sur le compte joint appartient au couple. Rien n'empêche, et je vous le recommande, de déterminer ensemble le montant de sommes dont chacun peut disposer librement, pour un usage strictement personnel. Cela vise à procurer un sentiment de liberté qui amenuise la pénibilité engendrée par les contraintes de la vie quotidienne.

Déterminez qui des deux s'occupe des comptes. Le faire à deux mène souvent à la dispute. Faites régulièrement le point. Décidez ensemble de la réalisation d'un gros achat ou d'un investissement important. Prendre une décision de manière unilatérale donne à l'autre la désagréable sensation d'être disqualifié. Toute attitude est bonne si elle repose sur un accord tacite entre les deux partenaires.

Avec les enfants

Ne parlez pas d'argent devant les jeunes enfants, encore moins des problèmes que vous rencontrez. Les enfants se sentent facilement coupables. Ils vivent dans l'angoisse de perdre l'affection des adultes. Cette crainte les amène à redouter de décevoir les parents. Lorsqu'ils voient ceux-ci en colère ou préoccupés, ils ont tendance à se croire à l'origine des problèmes. En cas de difficulté, rassurez-les, expliquez-leur qu'ils n'y sont pour rien.

S'ils doivent participer à l'effort d'économie qui s'impose, informez-les sans catastrophisme et en leur en disant peu, certes, mais le minimum, afin qu'ils ne s'angoissent pas en fantasmant sur la situation.

N'étalez pas l'argent devant vos enfants ; l'argent ne doit pas être perçu comme un objet facile, gagné sans effort. Enseignez-leur la valeur des choses.

Prenez garde, dans vos conversations, de ne pas émettre de jugement sur les revenus des parents de leurs petits camarades. Les enfants se fient à vos paroles. Ils reprendront sans comprendre vos discours méprisants. N'incitez pas vos enfants à établir entre eux une hiérarchie sociale. Certes, dans notre société, l'argent est un moyen de s'affirmer, mais il ne doit pas être vécu par eux comme un instrument de pouvoir ou un objet de discrimination. Le racisme anti-pauvre existe à l'école. Il est le résultat des attitudes parentales qui effraient les enfants en faisant de la misère le pire des fléaux, qui rend méprisables ceux qu'elle frappe.

Les adolescents ont des besoins. Notre société de consommation entretient ce phénomène. Ne les laissez pas sans argent. Ils seraient exclus par leurs pairs. Donnez-leur de l'argent de poche en quantité raisonnable. Responsabilisez-les en leur ouvrant un compte bancaire, type compte jeune, qui leur donnera les notions d'une bonne gestion de l'argent. Approvisionnez régulièrement le compte ou le livret avec des sommes modestes. Il est souhaitable d'instaurer un système de corvées rémunérées, mais ne financez pas chacune de leurs participations à la vie de la petite collectivité familiale. Il y a des contraintes banales et nécessaires, pour lesquelles il n'est pas souhaitable d'instaurer un système de récompense : mettre et débarrasser la table, décharger la voiture au retour des courses...

Vous l'avez compris, leur manière de vivre l'argent une fois adultes dépend de ce que vous allez leur inculquer dès l'enfance.

En cas de problème

La majorité d'entre nous redoute les ennuis d'argent. La peur est mauvaise conseillère. Si les soucis financiers arrivent, ne commettez pas l'erreur de vous voiler la face et d'attendre. La rapidité de votre réaction déterminera l'évolution de la situation. Dans un premier temps, l'erreur est de remettre au lendemain la gestion du problème. Il ne se résoudra pas tout seul. Regardez-le bien en face et cherchez les solutions possibles.

En cas de litige avec l'administration, les usagers sont comme terrorisés par la puissance des institutions. En conséquence, inhibés, ils repoussent la confrontation et préfèrent garder le silence. Les choses iront mal si vous faites le mort. Ne pas répondre aux courriers, ne pas accepter les lettres recommandées sont les meilleurs moyens de faire venir les huissiers chez vous. Déplacez-vous et discutez de votre cas avec les personnes responsables, des arrangements sont souvent possibles. L'administration devient un monstre froid si on la méprise. Les gens qui y travaillent sont des hommes et des femmes comme vous, ils peuvent comprendre.

Avec les organismes de crédit, il en est de même. Ils ont intérêt à trouver un compromis. « On ne tond pas un œuf. » Ils préfèrent récupérer l'argent après un délai plus long plutôt que rien du tout. Méfiez-vous des crédits *revolving* aux taux prohibitifs. Les grandes surfaces qui proposent des paiements en trois, cinq ou dix fois ne sont pas des philanthropes. Ces paiements équivalent souvent à des crédits onéreux. Soyez prudents et maîtrisez votre impulsivité. Parcourez les contrats d'engagement.

N'oubliez pas que la seule manière de vivre tranquille est, et restera, de ne pas dépenser plus que ce que l'on gagne. Évidence qui n'est pas toujours appliquée dans notre monde de tentations.

Prenez conscience des influences de votre éducation : valeurs, conception de l'argent :

- Analysez le caractère rationnel de vos croyances sur l'argent.
- Mettez en cohérence argent, besoins, buts, valeurs.
- L'argent est-il pour vous un médicament ?
- Le foyer, une petite entreprise qui repose sur la gestion d'un budget.
- Établissez un compte commun et un compte personnel bancaire ou épargne pour chacun.
- Ne mêlez pas vos enfants à vos problèmes d'argent, mais responsabilisez-les en cas de difficulté.
- En cas de problème avec votre banque ou une administration, ne faites pas l'autruche, rencontrez les responsables, dialoguez.

CONCLUSION

À la lecture de ce livre, se dégage une évidence : l'argent est un objet qui suscite à la fois convoitise et répulsion, mais dont nous ne pouvons nous passer. Situé au carrefour de notre affectivité, de notre éducation et de notre culture, il est le reflet de notre manière d'être au monde. Nos représentations de l'argent sont issues de notre histoire familiale et individuelle. Elles influencent nos choix de vie et nos relations sociales.

L'utilisation que nous faisons de l'argent témoigne de notre propre économie psychique. Nos dons, nos cadeaux représentent la qualité de nos investissements affectifs pour telle ou telle personne. Ne dit-on pas d'un avare qu'il n'aime personne ? Dans la pièce de Molière, Harpagon est un misanthrope. Certains ne monnayent-ils pas, au travers de leur prodigalité, l'amour de l'autre ?

Les nouvelles valeurs de notre civilisation tendent à placer l'argent en avant, comme symbole de pouvoir et de reconnaissance. Nous en parlons davantage, nous avons moins honte d'en gagner. Tout entière dédiée à la consommation, notre société incite les individus à entretenir avec l'argent des rapports de dépendance.

J'espère, avec cet ouvrage, si ce n'est vous avoir apporté des solutions, être parvenu tout au moins à vous faire prendre conscience des pièges tendus par une dépendance à l'argent. Ne perdons pas notre vie à la gagner. Ne laissons pas l'argent gâcher notre vie !

BIBLIOGRAPHIE

Adès Jean, Lejoyeux Michel, *Encore plus ! Jeu, sexe, travail, argent,* Odile Jacob, 2001.

— *La Fièvre des achats,* « Les empêcheurs de tourner en rond », Synthélabo, 1999.

Alter Anna, « La France du fric », *Marianne* n° 273, juillet 2002, p. 42-59.

André Christophe, Légeron Patrick, *La Peur des autres. Trac, timidité et phobie sociale,* Odile Jacob, 2000.

Attali Jacques, *Les Juifs, le monde et l'argent. Histoire économique du peuple juif,* Fayard, 2002.

Baudrillard Jean, *Le Système des objets,* « Tel », Gallimard, 1998.

— *La Société de consommation,* « Folio essais », Gallimard, 1997.

Bouvard Philippe, *Joueurs, mes frères...*, Robert Laffont, 1999.

Cameron Julia, Bryan Mark, *L'Argent apprivoisé. De la dépendance à la liberté d'être*, « Psycho-soma », Dangles, 1994.

Christenson G. A., Faber R. J. et coll. : « Compulsive buying : descriptive characteristics and psychiatric comorbidity », *Journal of Clinical Psychiatry*, 55, 1, 1994, p. 5-11.

Cottraux J., *Les Thérapies cognitives*, Retz, 1992.

Cowl Darry, *Le Flambeur*, Robert Laffont, 1986.

Cyrulnik Boris, *Un merveilleux malheur*, Odile Jacob, 1999.

Dittmar H., Beattie J., Friese S., « Gender consideration and material symbols : objects and decision considerations in impulse purchases », *Journal of Economic Psychology*, n° 16, 491-511, 1995.

Laborit Henri, *L'Inhibition de l'action*, Masson, 1981.

Lazarus Susan, *Folkman, Stress, Appraisal and Coping*, Springer Publishing Company, 1984.

Lelord François, André Christophe, *L'Estime de soi*, Odile Jacob, 1999.

McElroy S. L. et coll, « Kleptomania, compulsive buying and binge-eating deasorder », *Journal of Clinical Psychiatry*, 56, p. 14-26, 1995.

Marlatt G. A., Baer J. S., « Addictive Behavior : Etiology and Treatment », *Ann. Rev. Psychol*, 1988, 39, 223-252.

Martin Claude, *Les Enjeux politiques de la famille*, Bayard, 1998.

Merle Pierre, *L'Argus des mots*, L'Archipel, 1997.

Rialland Chantal, *Cette famille qui vit en nous*, Marabout, 2002.

Robinson Bryan, *Chained to the Desk. A Guide Book for Workaholics*, New York University Press, 1998.

Sauteraud Alain, *Je ne peux pas m'arrêter de laver, vérifier, compter. Mieux vivre avec un Toc*, « Guide pour s'aider soi-même », Odile Jacob, 2000.

Sauteraud Alain, Bourgeois M., « Thérapie cognitive des pensées obsédantes. Techniques actuelles et rapport de cas », *Journal de thérapie comportementale et cognitive*, vol. 5, p. 17-25, 1995.

Winnicott Donald Woods, *Jeu et Réalité. L'Espace potentiel*, « Connaissance de l'inconscient », Gallimard, 1975.

Zuckerman Marvin, *La Troisième Révolution du cerveau. Psychologie de la personnalité*, Payot, 2002.

*Cet ouvrage a été composé
Par Atlant'Communication*

*Impression réalisée par
CPI France
en novembre 2017
pour le compte des Éditions de l'Archipel
département éditorial
de la S.A.S. Écriture-Communication.*

Imprimé en France
N° d'impression : 3026187
Dépôt légal : octobre 2003